NOUVEAUX RECUEIL

DES PLUS BELLES

CHANSONS, NOUVELLES,

SUR

DIFFERENS SUJETS,

COMPOSÉZ

SUR DES AIRS CONNUS.

Quis n'ont Jamais été Imprimée
ci de vans le Pris & de
Vint Sol.

A AMSTERDAM,

Chez Louis Foubert Libraire
dans le Gaperſteeg.
1738.

On trouve chez le meme Libraire
toute forte de Livres.

L'Infortuné Florantin par le Marquis d'Argent
Comtes de La Fontaine. 2 vol.
Jeu de L'Hombre du Piquet Quadrille Billard
Echets &c.
Hiftoire de l'Inquifition de Góa. fig.
Paflage de la Bible a l'ufage des Ecole & Ran-
gés en Quatre Alphabets, avec des Prieres
pour tous les Jours de la Semaine & autres qui
n'ont jamais été Imprimée ci devant.
Le Hollandois ou Lettres fur la Hollande An-
ciénne & Moderne. 8vo.
Lettres Saxonnes. 2 vol.
Hiftoire de Revolutions de l'Ifle de Corfe, &
de L'Elevation de Théodore I avec fon por-
trait.
Les Illuftres Françoife Hiftoire Veritable 4 vol.
fig.
Pharfamon ou les Nouvelle Folie Romanesque.
4 vol.
Caton Tragedie en Vers.
Memoires du Comte de Bonneval. 3 vol.
L'Enfant Prodigue, Comédie par Mr. de Vol-
taire,
Telemaque Traverfti. 4 vol.
Mille & un Heure Contes Peruviens. 2 vol.
Avanture du Comte de Rosmont. 2 vol.
Memoires & Lettres du Baron de Polnitz. 5 vol.
Mille & un Jour. 5 vol. fig.
Spectacle de la Nature. 6 vol. fig.
Oeuvres de Mollier. 4 vol. fig.

PARODIE,

En Vaudevilles, de la Cantate, d'Orphée.

Airs des Vaudevilles.

Sur l'air : *Tu croyois en aimant Colle tte.*

1.

LE fameux Chantre de la Thrace,
Par des accords doux & Touchants,
Exprimoit ainſi ſa disgrace,
Courant comme un fou dans les champs.

Sur l'air : *Non je ne ferai pas ce qu'on
veut que je face.*

2.

Rien ne peut ſoulager. la douleur qui
mepreſſe,
Je ne reverrai plus l'objet de ma tendreſſe,
l'Amour. le tendre amour. nous uniſſoit
tous deux,
Helas vit. on jamais d'amant plus malheureux !

A 2   Sur

Sur l'air : *Des Pendus.*

3.

Or écoutéz petits & Grands,
Mon mes chef & mes accidents,
Mais a qui tiens je un tel langage,
A qui dans ce defert fauvage,
Veux je apprendre mon trifte état,
Il n'eft ici ni chien ni chat.

Sur le même.

4.

Faut-il mes plaintes ravaler,
Dans ce beau fujet de pailer,
Faut-il perdre vers & mufiques,
J'avois des chofes magnifiques,
Plaingnons-nous du moins aus Echos,
Imitons les Tendres Héros.

Sur l'air : *Vous m'entendez bien.*

5.

Fidelles Echos de ces bois,
Ceflés de repondre a ma voix,
La mort cette barbare *Eh bien*,
Pour jamais nous fépare,
Vous m'entendez *bien*.

Sur

Sur l'air : ******

6.

Pourquoi tant pleurer,
Et me plaindre encore
Allons retrouver,
l'Objet que j'adore,
Le *Dieu*. du fombre manoir,
N'eft pas fi *Diable* qu'il eft *noir*.

Sur l'air : *Raplon*.

7.

Descendons chez *Pluton* raplons,
Descendons chez *Pluton*,
Par quelques chanfonettes,
Attendriffons ce *barbon* rapelons,
Ramenons ma poulette,
Mon joli *tendron*.

Sur l'air : *Je ne fuis né ni* Roi *ni* Prince.

8.

Je commence a prendre courage,
Le gouffre *obfcur* m'offre un *Pafage*,
Pour parvenir aux fombres bords,
C'eft trop faire ici le jocrice,
J'aime autant refter chez les morts,
Que d'être au lit fans Eundice.

Sur l'air : *Ta la reriré.*

9.

Aimez *Orphée* allez au *Diable*,
Servez d'exemple a l'univers,
Pour rejoindre un objet aimable,
C'eſt peu que d'aller aux Enfers,
Partéz couréz au ſombre Empire,
Talaleri Talaleri Talalerire

Sur l'air : *Oreguingué.*

10.

Nôtre amant ſemet en chemin,
Et dans l'Empire ſourterrain,
Il degringole en moins de rien,
Oreguingue, o lon lan la,
Et malgré cerbere & la parque,
Parvient jusqu'au pieds du Monarque.

Sur l'air : *Lonlanla derirette.*

11.

Après d'être un peu rajuſté,
Son lut tout d'or bien accordé,
De preſents tout ſon cou chargé,
Lon Lan la derirette,
Il tient le discours que voici,
Lon Lan la deriri.

Sur

Sur l'air : *Folies d'Espagne.*

12.

Prince Enfumé de ce Royaume sombre,
Je suis dit-on le Fils du Dieu du jour,
Plus malheureux que vos tristes Ombres,
Et mon malheur est causé par l'amour.

13.

Premier Variation.

Talala la la &c.

14.

Fin du Couplet 12.

Et mon malheur est causé par l'amour.

15.

Sur l'air : *Si le Roi m'avoit donné.*

On ma ravi mechamment,
Ma femme Eundice,
Un maudit vilain Serpent,
Rempli de malice,
La guettant sur le gazon,
La piqué en trahison,
ô Quelle injustice ô gué,
ô Quelle injustice.

A 4 16. Voyel-

16.

Voyelles modernes.

Le Prince a face noire,
Repond pati pata a a a,
Innocent peux tu croire,
Que l'on te la rendra a a a,
Pour en perdre la memoire,
Dans le fleuve d'oubli biribi,
Va t'en boire,
Va t'en boi......re.

17.

Sur l'air : *Reveilléz vous belle Endormie.*

Du fort reparéz le caprice,
Aiéz pitié de mes malheurs;
Rendez moi ma chere Eundice,
Ne feparez point nos deux cœurs.

18.

Sur l'air : *Quand je tiens de ce jus d'Octobre*

J'aimais ma compagne de couche,
La pauvrette m'aimoit auffi,
Vous feriez pire qu'un Cartouche,
De la vouloir garder ici.

19. Sur

(9)

19.

Sur l'air : *Et paroles de la Cantate.*

] Laisez vous toucher par mes pleurs. *bis.*

20.

Fin du Couplet 17.

] Rendez moi ma chere Eundice,
] Ne separez point nôs deux cœurs.

21.

Sur l'air : *Menuet de Granvale.*

Vous avez ressenti la flame,
Du Dieu dont j'éprouve les traits;
Quand vous prites pour vôtre femme;
L'aimable fille de Cerés.

22.

Sur l'air : *Lan Laire.*

Parcette epouse si chére,
Lachéz l'objet de mes vœux,
Que de retour sur la Terre,
Nous puissions encore tous deux,
Laire Lan la, landerirette,
Laire Lan la Landerira.

A 5   23. Sur

23.

Sur l'air : *Si j'aime la Janneton.*

Je viens exprès au Sabbat, ha a a,
En robbe longue, en rabbat ;
Chercher mon Eundice,
Qui manque à mon grabat ha a a.

24.

Sur le même.

Si vous aimez le musquat ha a a !
J'en ai du plus delicat,
Jambon boudins Sſauciſes,
Le preſent n'eſt pas fait ha a a !

25.

Sur l'air : *Allons Gai.*

Pluton ſurpris d'entendre,
Des accords ſi touchants,
Prens la ſans plus attendre,
Dit-il je te la rends,
Allons gai d'un air gai,
En bateau de ſus L'eau,
Ta la la &c.

26. Sur

26.

Sur l'air : *Flon Flon.*

Ramene ta conquête,
Mais prens garde en chemin,
De détourner la tête,
Ou tu voudrois en vain,
Et flon flon la rira dondaine,
Flon flon la rira don don.

27.

Sur l'air : *Le Mirliton.*

Que d'appas à ma mignone,
Quel minois quel tein quel yeux,
Sans vouloir choquer personne,
Il n'est point dans ces bas lieux,
De si beau chignon Mirliton Mirlitaine,
De si beau chignon don don.

28.

Sur l'air : *Nanon dormoit.*

Part-ôn mon fils,
Mesuis-tu ma Poulette,
Oui je te suis,
Prens moi par ma Jaquette,
Doublons le pas allons,
Allons allons,
Allons à la Guinguette allons.

A 6   29. Sur

29.

Sur l'air : *Pierre Bagnolet.*

Chantons la Victoire éclatante,
Que remporte le tendre amour,
Son ardeur est triomphante,
Jusque dans le sombre séjour,
Sonnez haut bois,
Battéz tambours,
Chantons la Victoire éclatante,
Que remporte le tendre amour.

F I N.

CHANSON NOUVELLE
de l'opera Commique.

I.

MAitre d'un Joli Jardinet,
Lucas y fait,
Peu d'Ouvrage,
Et quand quel un veut sans meler,
Di travailler,
Il fait sage,
N'a t'il pas se beutor ;
         tors,
Quand il vous prive,
Du bien que ce balour,
         lour,
Tres mal culitve.

2. Quand

2.

Quand de ces feu un jeune cœur,
D'un ton flateur,
Nous aſſure,
Croyez mois repondez tousjours,
A ces discours,
    Turelure,
M'aitéz vous bien cela,
               la,
Jeune filletes,
Songes que tout amans,
             mants,
Dans ces fleurete.

3.

Si jamais je reſent le feu,
Du petit Dieu, de citere,
Ce ſera pour un ſoupirant,
Vive Charmant,
d'Age aplaire,
S'il quelque vieux Galant,
            lant,
A mois s'addreſſe,
Je releve maphan,
        pan,
Ces l'addreſſe.

        4. Un

4.

Un petit minois s'en defaut,
M'en rendu chaut,
Comme braiſſè,
Tousjours brulant pour Taïs appas,
Qu'il n'eſt pas,
A ſon aiſle,
Je n'aurai de ſon Souci,
            ſi,
Ta rigueur dure,
De ton cœur fai moy dont,
           dont,
Je t'en conjure.

5.

Pour toy mon Cœur n'eſt point ingrat,
Mais ſans Contraĉt,
Point d'affaire,
C'eſt un trompeur que Cupidon,
Eſt la raiſon,
Me ſuggerres,
Qu'on n'a d'un vaurien,
           rien,
Quand la bergere,
Donne a quelque garçon,
          çon,
Sons cœur ſans Notaire.

6. Quand

6.

Quand un objet par la rigueurs,
Cauſe a ton Cœur,
Des allarme,
Tendres amants ne l'amantez plus,
C'eſt un abus,
Quelles larmes,
Pour trouver du ſecours,
            cours,
Aux doux breuvage,
Vien donc pour ton repos,
            pos,
C'eſt mon uſage.

7.

Pour nous aimer vainquons ſouvent,
L'amour ſeprend,
Dans les verre,
Les Cœurs formant des mœurs ſerrain,
Si les bon vin,
Ne le ſerre,
Cela ne tient jamais,
          mais,
La Simphatie,
Que Bacchus entretient,
          tient,
Toute ſa vie.

8. Que

8.

Que pense t'on de ces amants,
Vive est brulant,
Rien qui vaille,
De ceux qui dans leurs madrigaut,
Font les nigauts,
On se raille,
Que dit-on du barbon,
bon,

Pour la fiance,
D'un maltotier bouffi,
fi,

S'il ne depense.

9.

Le petit maitre fremillant,
Badin brillant,
Est folatre,
Mais il est semblable a peu pres,
A nos balaïs,
De theatre,
Quoi qu'ils soyent au flambeaux,
beaux,

On s'y rencontre,
G'oripaux est Clinquants,
quant,

Le jour se montre.

10. Ma-

10.

Maris, vouléz vous fuir l'affront,
Qu'a vôtre front,
On peut faire,
Au logis ne negligé rien,
Cela le point necessaire,
On est pour vous constant,
tant,
Que rien ne chaume,
Qui menage l'argent,
jean,
Bientôt se nomme.

FIN.

VAUDEVILLE.

EN verité severe margoton,
Vous le prenez sur un drole de ton,
Faut il ainsi dans la jeune saiton,
Avec fierté de l'amour se defendre,
Margoton,
Sur quel to n,
Commen-donc.
C'est le ton c'est le ton qu'il faut prendre.

*****

Quand de mon cœur je vous offre le don,
Vous le prenez sur un drole de ton je
vous croyois,
Dou-

Douce comme un mouton,
Mais pour le coup ; je ne puis vous com-
    prendre,
      Quoy Simon,
      Sur quel ton,
      Commen-donc,,
C'eſt le ton c'eſt le ton qu il faut prendre.

⁂

Je vous adore & le dis tout de bon,
Vous le prenez ſur un drole de ton,
Vôtre beauté de ma flame repond,
Vous ne refuzé des amants le plus tendre,
      Quoy Simon
      Sur quel ton
      Commen-donc,
C'eſt le ton c'eſt le ton qu'il faut prendre.

⁂

A vôtre tour en verité Simon,
Vous le prenez ſur un drole de ton,
Que dites vous j'entends peu ce jargon,
Qui vous croiroit, ſe laiſer ſurprendre,
      Margoton
      Sur quel ton
      Commen-donc,
C'eſt le ton c'eſt le ton qu'il faut prendre.

F I N.

CHAN-

* * * * * * * * * * * *

CHANSON NOUVELLE.

HIer, en m'allant promener,
J'entends le moulin tacqueter
Rencontrai le fils d'un meûnier
Helas mon Dieu c'est-là ce qu'il me faut
J'entends le moulin tic tic tac,
J'entends le moulin tacqueter.

Rencontrai le fils d'un meûnier
J'entends le moulin tacqueter
Il est fait exprès pour charmer,
Helas mon, &c.
J'entends le, j'entends le, &c.

Il est fait exprès pour charmer.
J'entends le moulin tacqueter,
Doucement me vint saluer,
Helas mon, &c.
J'entends le, j'entends le, &c.

Doucement me vint saluer,
J'entends le moulin tacqueter
Me disant qu'il vouloit m'aimer,
Helas mon, &c.
J'entends le, j'entends le, &c.

Me disant qu'il vouloit m'aimer
J'entends le moulin tacqueter

Et

Et à maman me demander,
Helas mon, &c.
J'entends le, j'entends, &c.
   Et à maman me demander,
J'entends le moulin tacqueter
Pour des demain nous marier,
Helas mon, &c.
J'entends le, j'entends le, &c.
   Pour dès demain nous marier
J'entends le moulin tacqueter
Puis tous les jours me careſſer,
Helas mon, &c.
J'entends le, j'entends, &c.
   Puis tous les jours me careſſer
J'entends le moulin tacqueter
Et des mîtrons moudre le bléd,
Helas mon, &c.
J'entends le, j'entends le, &c.
   Et des mîtrons moudre le bléd
J'entends le moulin tacqueter,
Celui des jeunes le premier,
Helas mon, &c.
J'entends le, j'entends le, &c.
   Celui des jeunes le premier,
J'entends le moulin tacqueter
Les vieux ne pouvant engrainer,
Helas mon, &c.
J'entends le, j'entends, &c.
   Les vieux ne pouvant engrainer
J'en-

J'entends le moulin tacqueter,
Si-tôt que leur tour est passé
Helas mon, &c.
J'entends le, j'entends, &c.
   Si-tôt que leur tour est passé,
J'entends le moulin tacqueter
Maman hâtez-vous de donner
Helas mon, &c.
J'entends le, j'entends le, &c.
   Maman hâtez-vous de donner,
J'entends le moulin tacqueter,
Vôtre fille à ce beau meûnier,
Helas mon, &c.
J'entends le, j'entends, &c.
   Vôtre fille à ce beau meûnier
J'entends le moulin tacqueter
Pour que j'apprenne le mêtier,
Helas mon Dieu, c'est là ce qu'il me faut,
J'entends le moulin tic tic tac,
J'entends le moulin tacqueter.

F I N.

*****

CHAN

* * * * * * * * * * * *

CHANSON NOUVELLE,

Sur l'Ecole des Meres.

MEre qui tient un jeune Objet
Dans une ignorance profonde,
Loin du monde,
Souvent se trompe en son projet,
Elle croit que l'amour s'envole,
Dès qu'il apperçoit un Argus
Quel abus,
Il faut l'envoyer à l'école.

Claudine un jour dit à Lucas,
J'irai ce soir à la prairie,
Je vous prie
De ne point y suivre mes pas,
Il le promit & tint parole,
Ah ! qu'il entend peu ce que c'est
le benais,
Il faut l'envoyer à l'école.

Si mes soins pouvoient t'engager,
Disois-je un jour au beau Lisandre
D'un air tendre,
Que ferois-tu charmant berger,
Il demeura comme une Idole,
Et ne répondit pas un mot

Le

Le grand fot,
Il faut l'envoyer à l'école.
L'amant de la jeune Philis,
Etant prêt à s'éloigner d'elle,
Chez la belle
Il envoye un de ses amis,
Va, lui dit-il, & la console,
Il se fie à son confident
L'imprudent,
Il faut l'envoyer à l'école.
La beauté qui charme Damon,
Se rit des peines qu'il endure,
Il murmure,
Et moi je dis qu'elle a raison,
C'est un conteur de fariboles,
Qui n'ouvre point son coffre fort,
Le butor,
Il faut l'envoyer à l'école.
L'autre jour à Nicole il prit
Une vapeur auprès de Blaise,
Sur sa chaise,
La pauvre enfant s'évanouit,
Blaise pour secourir Nicole,
Fut chercher du monde aussi tot,
Le nigaut,
Il faut l'envoyer à l'école.
Amynte aux yeux de son barbon
A son grand neveu cherche noise,
La matoise

Veut

Veut le chasser de sa maison,
L'époux la flatte & la cajole,
Pour faire rester son parent,
L'ignorant,
Il faut l'envoyer à l'école :
Quand je suis seule avec Colin.
Sous un feuillage tête à tête,
Cette bête
Ne sçait que me prendre la main,
Son ignorance me desole !
Car s'il ne me prend pas tantôt
Ce qu'il faut,
Je veux l'envoyer à l'école.

F I N.

CHANSON NOUVELLE.

Sur les cris de Paris.

Sur l'air : *Heureux cent fois.*

DEdans Paris , que l'on a d'agré-
ment,
Soir & matin c'est un Concert charmant,
D'une musique,
Un peu rustique,

Que

Que l'on entend
Sans cesser un instant.

Le Savoyard qui va comme un lutin,
Ramonez-là, crié dès le grand matin,
Puis je décrotte,
Voir la marmotte,
Le soir enfin
Son orgue & sa Catin.

Voir le tableau de la fidelité,
Pour les maris voilà la rareté,
Et je leur montre
Dans la rencontre,
La verité,
Par ma simplicité.

Jeunes beautés pour tromper vos époux,
Faites monter là lanterne chez vous,
Elle est magique,
Assez comique,
Et tous les jours
Utile à vos Amours.

Voici du lait avec de bons œufs frais.
Ça vîte & tôt je les apporte exprès,
C'est la laitiere
Jeune & altiere,
N'en faut-il pas:
Je tourne ailleurs mes pas.

En voulez vous, voilà le porteur d'eau,
Et moy je vends de l'oignon au boisseau
Choux & carottes,

B

Na-

Navets en bottes,
Des artichaux
Violets & des plus baux.

    Je suis Guillaume le Gagne-petit,
Je gagne peu, mais j'ai grand appetit,
J'ôte la roüille,
Dès que je moüille
Quelque tranchant,
Et le faits sur le champ.

    Mon talent est de bien refaire un seau,
Un parapluye qui garentit de l'eau,
Argent des cendres,
Qui veut les vendre,
Des vieux chapeaux
Vieux galons, vieux drapeaux.

    Peaux de lapins, de la laine & du
       lin,
Du laurier franc, de beaux ails & du
       thin,
Vieille feraille,
Paille froment, paille,
Des champignons,
Oranges & citrons.

    Mes gros harangs, du merlan, du
       beurre frais,
De gros fagots, falourdes & cotrêts,
J'ai dans ma hotte
Cresson en botte,
Du fin savon,

Du

Du fromage & du bon.

La violette qui rend le cœur guai,
Roses & œillets pour vous faire un bou-
quet,
Ma géroflée,
Et ma pensée,
Mon romarin,
Jonquille & Jasemin.

Belle de nuit & mon beau baton d'or,
Mon grenadier, mon lys, mon tricolor,
Ma marjolaine,
Ma Julienne,
Et autres fleurs,
De toutes les couleurs.

Chauds & brûlans voila les bons
gateaux,
Des sansonnets, linottes & moineaux,
De la salade,
De la moutarde,
Cardes d'artichaux,
Herbe pour les oiseaux.

Verjus, concombre, & mon gros po-
turon,
Les gros cerneaux, des noisettes au li-
tron,
De la rainette,
Séches allumettes,
A l'écailler,
Des chaises à rempailler.

B 2

L'un

L'un va criant à mon beau bigarreau,
Mon beau damas qui quitte le noyau,
L'autre des pêches,
Et puis des presses,
Et un calin
Ma somme de raisin.

Voilà, Monsieur, un étuy bien garni,
Dit un Faraud qui nous contre un lazy,
Une écritoire
D'un bel yvoire,
Pris tout à neuf
Dans la jambe d'un bœuf.

Tenez, voici un service complet,
De fin argent, une tasse, un godet,
Pesant tant d'onces;
S'il trouve un Gonze,
C'est un bon lot,
Il s'esquive, on est sot.
Quand le chanteur a quelque air ten-
dre & beau,
Tout aussi tôt dessus son escabeau,
Il vous l'apporte,
Et s'il remporte
Beaucoup' d'argent
Il est plus diligent.

Si vous avez dedans toute saison.
Quelque chagrin, écoutez ma raison,
Mélarcolie
N'est que folie,

Et

Et mon recueil
Deviendra son cercueil.

FIN.

CHANSON NOUVELLE.

Sur l'air : *Reveillez-vous belle Dormeuse.*

UN devoir charmant nous appelle,
  Chez la Reine que nous servons,
C'est aujourd'hui qu'on renouvelle,
Les serment que nous lui prêtons.
  Courons moissonner pour la Fête
L'élite de toutes nos fleurs,
Nous en couronnerons sa tête,
Puisqu'elle regne sur nos cœurs.
  Joignons à ce fragile hommage,
Qu'on ne peut offrir que l'Été,
Des veux dont l'Hyver de nôtre âge
Prouvera la stabilité.

FIN.

MU-

* * * * * * * * * * * * * * *

MUSETTE NOUVELLE.

Le Printems.

VOici la saison Bergere,
Voici la saison d'aimer.
Voici la saison Bergere,
Voici la saison d'aimer.
  Serez-vous toujours severe,
Ne pourrai je esperer
Tâchant toujours de vous plaire,
De pouvoir me faire aimer.
  Voici la saison Bergere,
Voici la saison d'aimer.

FIN.

CHANSON NOUVELLE.

Pour le Mois du Janvier 1738.

Sur l'air : *De Trompette.*

QU'oi donc Brunette,
  Se peut-il que vôtre cœur,
N'eut jamais aucune Amourette,
Ressentir la moindre ardeur,

Vous

Vous avez dire & beau faire,
l'Amour ne feut me deplaire,
Un cœur ne rebute pas,
Celui qui moins m'encontera. *bis.*

2.

C'eft l'incontance,
Qu'on voit par tout les Amants,
Qui caufe mon diferance,
Pour, leur tendre fentimant,
Pleures gemiffes fans ceffe,
Nomme cruelles Ligreffe,
Mon cœur ne s'attachera,
Qu'a celui qui moins,
Lui en contera. *bis.*

3.

Quelle tendreffe,
Cher cœur n'ai je pas pour tois,
Tu connois tous ce qui me bleffe,
Et tu ne fait rien pour mois,
Soulage un peu mon martire,
Puisque je fuis fous ton Empire
Je n'ai pas le dernier plaifir,
D'avoir de mon Cœur,
Le dernier foupire. *bis.*

F I N.

B 4

CHAN-

* * * * * * * * * * * * *

CHANSON NOUVELLE.

*De la Comédie Italienne , du Tour de
Carneval.*

Dans ma jeunesse ,
  Qu'on se divertissoit,
Chacun se trémoussoit,
Avec grace on dansoit,
Dans un Bal on faisoit
Admirer son adresse :
Aujourd'hui ce n'est plus cela,
Ce n'est qu'indolence,
Langueur, négligence,
Les graces & la danse
Vont en décadence :
Et le Bal va cahin, caha,
Et le Bal va cahin, caha.
  Dans ma jeunesse,
La verité regnoit,
La vertu dominoit,
La constance brilloit,
La bonne foi régloit
L'Amant & la Maîtresse :
Aujourd'hui ce n'est plus cela,
Ce n'est qu'injustice,

Chan-

Changement, caprice,
Trahisons, & malices,
Détours, artifices,
Et l'Amour va cahin, &c.
   Dans ma jeunesse,
Les veuves & les mineurs
Avoient des deffenseurs,
Avocats, Procureurs,
Juges & Rapporteurs
Soûtenoient leurs foiblesses :
Aujourd'hui ce n'est plus cela,
L'on gruge, l'on pille
Majeurs & pupille,
Si l'argent ne brille ;
Tout est inutile,
Et Themis va cahin, &c.
   Dans ma jeunesse,
Les papas, les mamans,
Severes, vigilans,
En dépit des Amans,
De leurs tendrons charmans
Conservoient la sagesse :
Aujourd'hui ce n'est plus cela,
L'Amant est habile,
La fille est docile,
La mere est facile,
Le pere imbecile,
Et l'honneur va cahin, &c.
   Dans ma jeunesse,

B 5

L'on

L'on voyoit des Auteurs,
Fertiles producteurs,
Enchanter les Lecteurs
Charmer les spectateurs
Par leur délicatsse :
Aujourd'hui ce n'est plus cela,
Les rimeurs languissent,
Les vers assoupissent,
Les Muses gémissent,
Succombent, périssent,
Et Pégase va cahin, &c.

    Dans ma jeunesse,
Quand deux cœurs amoureux
S'unissoient tous les deux,
Ils sentoient mêmes feux,
De l'amour les doux nœuds
Augmentoient leur tendresse :
Aujourd'hui ce n'est plus cela,
Quan l'Hymen s'en mêle,
L'ardeur la plus belle
Devient étincelle,
L'amour bat de l'aîle,
Et l'époux va cahin, &c.

    Dans ma jeunesse,
L'homme sobre & prudent,
Aux plaisirs moins ardent,
Se bornoit sagement,
Et son ménagement
Retardoit sa vieillesse :

Au-

Aujourd'hui ce n'est plus cela,
Turbulent, volage,
Honteux d'être sage,
Le libertinage
Chez lui prévient l'âge,
Bien-tôt il va cahin, &c.
   Dans ma jeunesse,
Les veuves de vingt-ans
Renonçoient aux Amans,
De leurs engagemens
Les devoirs importans
Les occupoient sans cesse :
Aujourd'hui ce n'est plus cela,
Plus d'une grand'-mere
Se force de plaire
Et veut encor faire
Un tour à Cythere,
La bonne y va cahin, &c.
   Dans ma jeunesse,
Les spectacles chéris
Se voyoient aplaudis,
Le Parterre rempli,
Le Théatre garni
Nous combloient d'allegresse ;
Faites-nous voir encor cela,
Qu'une ardeur nouvelle
Chez nous vous rappelle,
Pour vous rôtre zele
Ardent & fidelle

Jamais n'ira cahin, caha,
Jamais n'ira cahin, caha.

F I N.

CHANSON DES SONGES,

de l'Opera Comique :

Sur l'air : *Du Cahin, caha ; de la Comédie Italienne.*

DAns un beau songe,
Un Epoux peu constant
Près d'un objet charmant
Saisit l'heureux moment,
O Dieux ! qu'il est pressant ;
Mais, ce n'est qu'un mensonge :
Il s'éveille, il n'est plus là ;
Il trouve sa femme,
Dans son lit, la Dame
Lui chante sa gamme,
Agace sa flâme,
Mais l'époux va,
Cahin, caha,
Mais l'époux va,
Cahin, caha.
Dans un beau songe,

Un

Un Vieillard amoureux
Se croit un autre preux ;
Il étale ses feux,
Y croit combler ses vœux ;
Mais ce n'est qu'un mensonge,
En veillant ce n'est plus cela,
Il sent sa foiblesse ;
Sa goute le presse,
Sa pauvre tendresse
En chemin le laisse,
Heureux s'il va cahin, &c.

    Vive une piéce,
Dans qui l'Auteur nouveau,
Echauffant son cerveau,
Met du vif & du beau,
Sans parer d'oripeau
Un Heros de la Grece ;
Non, Paris ne voit plus cela,
Dans le Dragmatique
Rime prosaïque
Bannit l'Héroïque,
Et sans rien qui pique,
L'intrigue va cahin, &c.

    Terreurs subites,
Jadis aux Spectateurs
Inspiroient les Acteurs,
Ils jettoient dans les cœurs
Leur, transports, leurs fureurs,
Temoins les Abderites :

Au-

Aujourd'hui ce n'est plus cela,
Il faut, quel caprice !
Que plus d'une Actrice
Fasse leur office,
Et se travestisse,
Tel mâle va cahin, &c.
   Mâles ou femelles,
Que d'attraits dans Atys !
C'étoient des Vers finis,
C'étoient des Airs choisis,
Des Ballets assortis,
Par tout beautez nouvelles :
On nous a donné pour cela,
Charson de Freluche,
Intrigue de Cruche,
Et Muse Guenuche,
Le Ballet trébuche,
Croit-on qu'il va cahin, &c.
   Lorsque la Foire
A commencé ses jeux,
Nous comptions d'être heureux ;
Qu'un Auditeur nombreux,
Favorable à nos vœux,
Nous combleroit de gloire ;
Mais bien vîte on nous détrompa :
Notre bagatelle,
Messieurs, vous plaît-elle ?
Si pour nôtre zele,
Vôtre goût chancelle,

Pier-

Pierrot fuira, cahin, caha,
Pierrot fuira, cahin, caha.

F I N.

A U T R E.

UN Papillon alloit contant fleurette,
Il courtifoit chaque fleur à fon tour ;
L'aimable Rofe, & puis la Violette
Sans le fixer partageoient fon amour :
Trop de conftance eft un dur efclavage
Qui fait languir nos cœurs & nos defirs :
Qu'on eft heureux, lorfque l'on eft volage !
A chaque inftant renaiffant les plaifirs.

Si Diogenes étoit réputé fage,
C'eft qu'il faifoit fa maifon d'un tonneau :
Des Grands d'Athenes eût-il reçû l'hom-
   mage ,
S'il n'eût jamais parlé de Vin nouveau ?
Le bel Efprit, la plus rare Sageffe,
Sans ce bon jus ne font que vifion :
Un feul inftant qu'on paffe dans l'yvreffe
Vaut mieux cent fois qu'un fiécle de
   raifon.

Un Roffignol dans les bois de Cythére
Chantoit l'Amour fur mille jolis tons ,
Il enfeignoit l'art d'aimer & de plaire ,
        Tous

Tous les oiseaux venoient prendre leçons:
Tout est douceur dans l'amoureux Em-
    pire,
On n'y connoît ni peines, ni tourmens:
Un jeune cœur lors même qu'il soûpire,
Dans ses soûpirs trouve un plaisir char-
    mant.
    Une Berger: à son aise & sans crainte
Bailoit un jour un petit Chien mignon;
Vos tendres soins, lui dis-je, belle
    Amynthe,
Pour un Berger seroient plus de saison;
Je le sçai bien, me répliqua la belle,
Mais j'en connois aussi tout le danger,
J'aime ce chien & ce chien m'est fidéle,
En trouve-t-on autant dans un Berger?
    Jadis Orphée, à ce que dit l'Histoire,
Jusqu'aux Enfers fut chercher sa Moitié;
Il se peut bien qu'on nous l'ait fait
    accroire.
Dans les Epoux vit-on tant d'amitié?
Un cœur soûmis aux loix du mariage
Ne connoît plus la douceur des amours:
Comme un Printems il attend le veuvage
Qui peut lui seul ramener ses beaux jours.

F I N.

CHAN-

* * * * * * * * * * * *

CHANSON NOUVELLE.

Sur l'air : *Je n'en veux pas davantage.*

LE Bûveur seul raisonnable
 Livre ses jours aux plaisirs,
Du lit il passe à la table,
Il méconnoît les soûpirs,
De boire ayons l'avantage,
Vive le Vin, rien n'est si bon,
Bûvons-en donc
Un brot pour prendre courage.
 L'Amour méne à la folie,
Et Bacchus à la raison,
Fi, d'une femme jolie
Point de belle en ma maison,
Pain, jambon, vin & fromage
Dans l'histoire mettron mon nom,
Et non, non, non,
Je n'en veux pas davantage.
 Languissez prés de vos belles,
Foibles suivans des amours,
Elles seront infideles,
Pour moi je boirai toujours,
Par an pour mon héritage,
De cent muids l'on me fait raison,

Et

Et non, non, non,
Je n'en veux pas davantage.
   Vous qui desirez de boire,
Venez de dans mon logis,
De Bacchus chanter la gloire,
Il vous donnera pour prix
De mon bon vin pour breuvage,
Pour vous animer du Jambon,
Et non. non, non,
Il n'en faut davantage.
   Le Bûveur vit sans tristesse,
Quand il tient d'excellent vin,
Chez lui ce n'est qu'allegresse ;
Bûvons tous du Jus divin,
De boire ayons l'avantage,
Vive le Vin, rien n'est si bon,
Bûvons en donc
Un muid sans perdre courage.

F I N.

CHANSON NOUVELLE,

Sur le même Air.

QUand une fillette sage
   Se défend de Cupidon,
Elle sent son cœur volage,
Qui s'oppose à la raison,

Mais

Mais l'oiseau brise la cage,
Et s'envole avant la saison,
Et non, non, non,
Je n'en dis pas davantage,
Si le Dieu du cocuage
Faisoit pousser sur le front
Les cornes en étalage,
Que d'Epoux auroient l'affront,
A Paris comme au Village,
L'on trouveroit dans les mains
Des Acteons
Cinq ou six, ou davantage.

F I N.

CHANSON NOUVELLE.

Avis à une jeune Demoiselle.

IRis dans vôtre jeunesse,
Profitez de vos appas,
Vous inspirez la tendresse,
Pourquoi n'en aurez-vous pas?
Je ne sçaurois,
Si j'en avois la foiblesse,
J'en mourrois.
C'est mal passer le belâge,
Vous en rendrez compte un jour :

Sans

Sans differer davantage,
Soumettez-vous à l'Amour :
    Je ne sçaurois,
C'est un cruel esclavage,
    J'en mourrois.
  Vous l'emportez sur les Belles,
Tout se rend à vos attraits,
Plaignez les peines cruelles
Des cœurs percez de vos traits :
    Je ne sçaurois,
Il n'en est que d'infidelles,
    J'en mourrois.
  Si vous voulez un cœur tendre,
Qui vous aime toujours bien,
Recevez sans plus attendre
Les vrais hommages du mien :
    Je ne sçaurois,
Vous cessèriez de les rendre,
    J'en mourrois.
  Mes yeux sont charmez des vôtres
Sentez ce que j'ai pour vous,
Des amours comme les nôtres
Ne finiront qu'avec nous :
    Je ne sçaurois,
Vous trompez comme les autres,
    J'en mourrois.
  Pour vous mon ame est atteinte
D'un amour tendre & constant,
Par une douce contrainte

Tâ-

Tâchez de m'aimer autant :
Je ne sçaurois,
Je serois toujours en crainte,
J'en mourrois.
Je vous quitte , beauté fiere,
J'expirerois à vos yeux,
Vous perdez un cœur sincere,
Que ne me traitez-vous mieux ?
Je ne sçaurois,
Si j'allois vous satisfaire,
J'en mourrois.

F I N.

CHANSON NOUVELLE,

Du Galant-coureur.

Sur l'air : *A ne plus aimer de ma vie*, &
de la Comédie *dé l'ouvrage d'un moment.*

LE jeu que je veux t'apprendre,
Mon Iris, est un jeu charmant
Tu verras qu'on peut aisément
S'ôter la vie & se la rendre
C'est l'ouvrage d'un moment.
Verse-moi de ce jus de la treille,
Emplis-moi mon verre hardiment,
Je te baiserai plus souvent

Quand

Quand j'aurai vuidé ma bouteille,
C'eſt, &c.

    Pauvre Cocu tu te tourmente
Ma foi bien inutilement,
C'eſt à ta tête un ornement
Trop commun pour qu'il t'épouvente,
C'eſt, &c,

    J'étois aimé d'une Suzanne,
Je l'aimois réciproquement ;
Vous rompez cet engagement ;
Vous voir , vous aimer belle Ozanne,
C'eſt &c.

    Au mot d'amour une fillette
Rougit pour tromper ſa Maman,
Mais ſeulette facilement ;
C'eſt, &c.

F I N.

A U T R E.

Sur l'air : *Ma Mere étoit bien obligeante.*

LUcas eſt un voiſin aimable,
   Chez lui on boit, on chante, on rit,
Il reçoit ſes amis à table,
Sa femme les reçoit au lit :
Lucas eſt un voiſin aimable,
Chez lui on boit, &c.

F I N.

CHAN-

* * * * * * * * * * * *

CHANSON SUISSE.

Sur l'air : *Tes beaux yeux ma Nicole.*

QUand ché l'entris dheore
   Thé mon pitit maiçon,
Ché li fis pon rencontre in piau petit ton-
   ton,
Quand ché li fis son minc & son fision-
   nement,
Ché sentir mon poitrine
Plein thé l'amoureusement.
   Ché li dis mon Moiselle foudré bien
     aimir moi,
Sé fou l'ètre pouchelle, moi bien aise
     mon foi,
Ché ferai fou mon fame & sans dheguis-
     sement,
L'aimir thé tout mon ame, thé le dis
     franchement.
   Ché foulis d'hé son fiande faire in pa-
     nement
Mais d'hin coup d'hé son patte fit în gra-
     tignement,
Ly catir mon moustache & mon bel frai-
     sement,

Tout

Tout tin coup ça my fache, che dis allez,
va-t'en.

FIN.

CHANSON NOUVELLE.

Sur l'air : *Voici ma femme, amis ne di-*
fons mot.

SCavez-vous comme,
  Tout de même, mais, enfin, [*bis.*
Car, encore, bien,
Si, quelquefois, par hazard,
Nonobſtant, peut-être,
Poſſible, néanmoins.

FIN.

A U T R E.

Sur l'air : *Je veux garder ma liberté.*

JE ne veux point me marier
  Je crains le cocuage,
Du ſexe il faut ſe défier,
Toute femme eſt volage,
Sur tout à Paris,
Preſque tous maris
Ont le même héritage.

Si tu veux sans nous marier
Je ferai ton affaire,
Bannissons Notaire & papier,
Faisons seuls nos affaires,
Ce sera ton bien,
Ce sera le mien :
C'est ce que fit mon Pere.

Le mariage à ce qu'on dit
Est bon pour une femme,
Il lui donne de l'appetit,
J'en crois plus d'une Dame
C'est peu d'un mari,
Il faut un ami,
Pour éteindre la flâme.

Les filles pour se marier
Font leur apprentissage,
Car elle craignent de manquer
Aux Loix du mariage,
Et puis les maris
Se trouvent surpris
Quand ils entrent en ménage.

F I N.

CHANSON NOUVELLE,

I.

QUoi Stanislas à la France helas !
Coute d'Embaras,
Finance dons l'argent ne suffit pas,

C

Pour

Pour le Servir le Secourir,
Il faut mourir il faut fournir,
Rudes Impôts droit Nouveaux,
Messieurs les Badeaux,
Vous aurez bon dos,
Pon pon pon pon j'entends du Canon,
L'affreux Carillon,
Tron tron tron tron,
Envain un Clairon,
Exercer un poltron,
Ma foi que m'importe à moi,
Qu'un autre soit Roi,
Je veux rester quoi,
Pour faire la Guerre,
Guerre trop perilleuse Emploi,
Le Mousqueton & l'Espadron,
Mène à pluton un fanfaron,
Laissons aux sots tele meauts,
Au soin du repos,
Je n'en veu qu'eau pots.

2.

Enfants de Mars,
Suivez de Bellone les Etandars,
La Gloire ordonne d'affronter, les ha-
        sards,
Qu'a vos regards les Boulevards,
Et les Rempars tombent Epars,
Qu'avec vos dars,

l'Efroid

l'Etroid volle de toute part,
Soyez des Cæzars,
Loin du Tonnerre,
De dans ce reduit avec moin de Bruit,
Je fais la Guerre avec un Tendron,
Sans poudre à Canon,
Je pose la sentinelle,
J'attaqe la Citadelle,
Je fais Briller mon Zel,
Je suis Guerrier Expert,
Au Chemin Couvert,
Ville & faubourg Battez Tambour,
Chantez Amours,
Ma victoire à mon tour,
J'ai pris le fort de Cloris,
Veux tu sentir le ravisement,
Qu'on goûte en aimant,
Vient ma Lisette,
Embraſſer ton Amant,
Tu m'obais tranſpor: Charmant,
Je veux enfin l'heureux moment,
Ou mon tourment,
Vas trouver du soulagement,
On suis je helas !
Quel songe flateur,
Fait tout mon Bonheur,
Non non morphé,
Ne prodigne jamais,
De bien ſi parfait,

C 2

Mais

Mais je fens finir ma flame,
Je fuis près à rendre l'Ame,
Ha je me pame,
Quel funefte retour,
Soutien mes feux,
Vient aux fecours,
Dieux des Amours,
'Tu devrois prolonger toujours,
Des plaifir fi Court.

FIN.

CHANSON NOUVELLE.

LA Beauté Sauvage fait comme le
     vent,
l'Ennuieufe homagé d'un timide Amant,
Partez d'abord partez d'abord avec odace,
   Elle eft bîen-tôt Lace de nous refifter,

1.

Quand fa fuitte veine,
Cherche une forteft,
C'eft qu'elle en Certaine,
Qu'on la fuit de prés,
Partez d'abord partez d'abord avec odace,
   Elle eft bien-tôt Lace de nous refifter,

2.

Tous dans fa de deffaite,
Lui parroit bien doux,

Lors

Lors qu'elle en rejette,
La faute fur nous,
Partez d'abord partez'd'abord avec odace,
Elle eft bien-tôt Lace de nous refifter.

F I N.

CHANSON NOUVELLE.

Sur l'air : *Mademoifelle* * * * * * *

1.

IL, n'eft point de plaifir parfait,
Comme à tête à têté,
Pour lui je quitte fans regret,
Les plus brillante Fête,
Toujours à l'amour fans regret,
C'eft fort bien fait c'eft fort bien fait,
Mais plaifir en font plus delicieux,
C'eft encore mieux c'eft encore mieux.

2.

J'aime Iris elle même auffi,
Et tous deux par Sifteme,
De fon Cœur je connois le prix,
Du mien elle eft, de même,
Amour fur nous n'epargne pas tes traits,

Fait

Fait les pleuvoir c'est fort bien fait,
C'est fort bien fait,
Nous en somme tous contens tous les
     deux,
C'est encore mieux c'est encore mieux.

3.

Mieux que Ovide mon Iris sçait,
l'Art d'aimer & de plaire,
Elle efface par ses attraits,
La Reine de Citherre,
Enfin c'est un abrege du parfait,
Tout est bien fait tout est bien fait,
C'est un tresor qui mes donne des Dieux,
C'est encore mieux c'est encore mieux.

4.

Au premier Mary que l'on pert,
Qu'au douleur, on n'est, neude,
J'ai promis au deffunt robert,
De rester, toujours, Veuve,
Mais de ma promesse je me remet,
C'est fort bien fait c'est fort bien fait,
Un jeune epoux vient remplacer le vieux,
C'est encore mieux c'est encore mieux.

5.

Colin me cherche dans les Champs,
Quand j'y suis Envoyée,

Il me chercheroit, vainement,
Si j'ettoit moin rufé,
Quand je le vois je fuis dans un bosquet,
C'eft fort bien fait c'eft fort bien fait,
Le Drole y vient nous y reftons tous
     deux,
C'eft encore mieux c'eft encore mieux.

F I N.

CHANSON NOUVELLE,

Sur l'air : *Manon donne-moi.*

Quel eft mon bonheur,
  Corine m'aime,
Mon ardeur extrême
A fçu toucher fon cœur,
Oui, je viens d'entendre,
Cher Sylvandre,
    Ton amour,
Triomphé dans ce jour,
Jamais tu ne me verras, cruelle,
Infidelle, ni rebelle,
    A tes vœux,
Nous allons tous deux remplir fans ceffe,
    D'allegreffe,
Nous faire un fort heureux
Dan ces beaux lieux.

Ai-

Aimons, aimons-nous,
Belle Sylvie,
C'eſt de nôtre vie,
Le ſoit le plus doux,
Que ſert-il d'attendre
Pour ſe rendre,
Le plûtôt
Eſt le mieux à propos.
L'amour ſçait le cœur des plus ſauvages
Des volages
Et des ſages,
Enflammer,
Et l'on voit alors la beauté fiere,
Moins ſevere,
Bien loin de reculer,
Capituler.

FIN.

CHANSON NOUVELLE,

Sur l'air : *La jeune Iſabelle.*

UN jour à ſa Mere
Demandoit Fanchon,
De mener, Bergere
Paître ſes moutons :
La mere fort ſage,
Le lui refuſa,

Tenant ce langage
Qui la chagrina.

Tu es trop jeunette,
Ma pauvre Fanchon,
Pour aller seulette
Garder les moutons.
La bête sauvage
Voudroit t'emanger,
Restes au village,
J'irai les garder.

Oh! repliqua-t'elle,
N'apprehendez rien,
Nôtre gros fidelle
N'est il pas bon chien,
Si le loup avide,
Vouloit m'en croquer
Ce chien peu timide
Sçauroit l'empêcher.

Tant sçut la Bergere
Prier, insister,
Qu'à la fin sa mere
Ne pût résister,
Ah! je suis trop bonne,
En disant cela, houlette lui donne,
Aux champs l'envoya.

A peine y fut-elle,
Que le beau Tircis
Se rendit près d'elle
Lui parler ainsi,

Si tu veux Poulette,
Venir dans ce bois,
Une brebiette,
Auras à ton choix.

F I N.

CHANSON NOUVELLE.

Sur l'air : *Et non non non, je n'en veux
pas davantage.*

C'Est donc ainsi ma brunette,
Que vous fuyez les Galans,
Tandis que dessus l'herbette,
Vous écoutiez leurs sermens.
Vous n'étiez pas trop sauvage,
Tout à l'heure avec Coridon,
Et non, non, non,
Je n'en dirai pas davantage.

Je vous mite Lysandre,
Répondit-elle aussi-tôt,
Qui affectoit un air tendre,
Ce matin avec Margot ?
C'étoit Lysandre, je gage,
Il faisoit le joli garçon,
Et non, non, non,
Je n'en dirai pas davantage.

Une femme très-aimable,
Je vis l'autre jour tomber,
D'une vîtesse incroyable,
Je courus la relever,
Elle alloit m'en rendre hommage,
Quand sans attendre je lui dis,
Et oui, oui, oui,
J'en ferois bien davantage.

Un Pédant que l'amour pique,
Veut-il exprimer ses feux,
De fleurs de la Rhetorique
Iese sert, en fait-il mieux?
Un mot simple est plus d'usage,
Je brûle, pour toi, ma Nanon;
Et non, non, non,
Il n'en faut pas davantage.

Maintenant quelle folie,
On croit qu'il faut de grands biens,
Pour passer content la vie,
Le contraire, je soûtiens,
Un suffisant arrérage,
Pour soûtenir sa maison,
Et non, non, non,
Il n'en faut pas davantage.

F I N.

*
**

C 6

CHAN-

* * * * * * * * * * * * *

CHANSON NOUVELLE.

Sur l'air : *Du Vaudeville des complimens.*

IRis vous fait les yeux doux,
J'en sçai la cause certaine,
Non l'amour qu'elle a pour vous,
Mais vôtre argent seul l'enchaîne,
Suspendez l'appointement,
Lors en éclatant de rire,
Elle va se mettre à dire
Ce n'étoit qu'un compliment.
   Connoissez - vous un tendron,
Decoré de quelques charmes,
Vous lui dites, tout de bon,
Il faut te rendre les armes ;
Je veux t'aimer constamment ;
Si elle vous favorise,
Bien-tôt vous quittez Orphise,
Ce n'étoit qu'un compliment.
   Une femme à cinquante ans
Et d'une laideur extrême,
Qui lui diront, je vous aime,
Y pensent-ils ? non vrayment.
Au mot veut-elle les prendre ?
A la vieille ils font entendre
Que ce n'est qu'un compliment.

Da-

Damis difoit l'autre jour
A Dorante, fon intime,
Te refufer mon fecours,
Ami, ce feroit un crime,
L'autre lui dit feulement,
Prêtez moi une piftole,
Il retracte fa parole,
Ce n'étoit qu'un compliment.

Trop fcrupuleufe maman,
Qui enfermez vôtre fille,
Ignorez-vous qu'un amant
Romp le verroüil & la grille ?
Laiffez-la voir librement,
Crainte de quelque dommage,
En fera-t-elle moins fage
Pour entendre un compliment ?

De Plutus le favori
Dans ce qu'il fait, on imite ;
Democrite lorfqu'il rit,
S'il pleure, on eft Heraclite :
Survient-il un changement,
De fort, il devient Hermite,
Clients, valets tout le quitte,
Ce n'étoit qu'un compliment.

C'eft donc la mode à préfent
De faire offre de fervice
A telles gens que fouvent
L'on voudroit voir au fupplice,
Dangereux déguifement,

Difpa-

Disparoissez & de grace,
Que le vray prenne la place
De tous ces faux complimens.

F I N.

CHANSON NOUVELLE.

Sur l'air : *Du Vaudeville des Adieux de Mars.*

L'Autre jour assis sur l'herbette,
J'apperçus le berger Colin
Seul avec la jeune Lisette
Don il tenoit la belle main,
Quand une certaine parole,
Que Lisette dit à l'instant,
M'apprit qu'il vouloit le drole
La mener tambour battant.

Ah ! Colin, disoit la Bergere
Finissez donc ce jeu badin,
Ou j'en avertirai ma mère,
La menace effraya Colin
Pardon, dit-il, je serai sage,
Hélas ! Colin, mon pauvre amant,
Il falloit plus de courage,
Pour mener tambour battant.

F I N.

CHAN-

* * * * * * * * * * * * *

CHANSON NOUVELLE.

Sur l'air : *Du menuet nouveau de la
Comedie Italienne.*

REbuté, cruelle Iris,
De tes mépris,
Je m'en vais tout de bon
Trouver Nanon,
A fort peu de rigueur
Elle joint la douceur ;
Je vôle lui donner mon cœur :
Rebuté, cruelle Iris,
De tes mépris,
Je m'en vais tout de bon
Trouver Nanon :
Chez elle les refus
Sont inconnus,
Tu ne me verras plus.
Chaque jour,
De mon amour,
Quand je te parle, inhumaine,
De fierté
Je suis payé,
Bien plus tu ris de ma peine,
Tandis qu'en secret avec Colin,
Dans le bocage voisin,

Tu

Tu vas pas paſſer très-ſouvent
De doux momens :
Rebuté, Cruelle Iris, &c.   *au mot fin.*
Second menuet.
Quoi ! tu veux donc me quitter beau
Corylas ?
Je n'en démordrai pas.   *fin.*
Pour toi je ſerai moins ſévere deſormais,
Je te fuis pour jamais.
Quoi ! tu veux, &c.   *au mot fin.*
Troiſieme menuet.
Je laiſſe Colin,
Ma foi c'eſt en vain,
Je te vais aimer,
Tu veux badiner,
Non mon cher Berger,
Je ne le crois pas,
Lui repartit Corylas :   *fin.*
Que ce baiſer,
Soit la preuve de ma ſincerité,
Que ce baiſer appaiſe ton eſprit irrité,
Ah ! douce faveur,
Vous charmez mon cœur,
J'oublie tes mépris,
Trop aimable Iris,
Que les jeux, les ris,
S'aſſemblent ici,
Puiſque nous ſommes amis.

F I N.

CHAN-

* * * * * * * * * * *

CHANSON NOUVELLE,

Les adieux d'un Matelot à sa Maîtresse.

Sur l'air : *Le bruit de la Guerre.*

CHere Lisette
Il me faut quitter ces lieux,
   Si heureux,
Jolie Brunette ;
Essuyez vos beaux yeux,   *bis.*
On nous appelle,
Voici le vent bon, ma chere Nanon,
Il me faut mettre à la voile.
Chere Lisette, &c.   *bis.*
   Quelles allarmes
Quoi vous partez Amant,
   En ce tems
Coulez mes larmes
Pleurez, il en est tems ;   *bis.*
Mon cher fidel,
Oüi je t'aimerai,
Tant que je vivrai,
Ma flamme est toujours éternelle,
Quelles allarmes, &c.   *bis.*
   Cessez ces plaintes,
Tous ces chagrins & ces pleurs

Vos

Vos douleurs,
Me font atteinte
Et penetrent mon cœur,   *bis.*
Quoique sur l'onde,
Mon cœur est à vous,
Belle, embrassons nous,
Ne craignez pas quelque vent,
        qu'il gronde,
Cessez vos plaintes, &c.   *bis.*
    Mon cher fidelle,
Souviens-toi de ta foi,
        Et pour toi,
Je renouvelle,
Mon serment & ma foi: *bis.*
Je suis pucelle,
Mon cœur est à toi,
Aime comme moi,
Reconnois l'ardeur de mon zele,
Mon cher fidelle, &c.   *bis.*
    Faut lever l'ancre,
On crie par tout, au Bord
        Matelots,
Que chacun entre
A bord de son Vaisseau;   *bis.*
Haut à la hune,
Et au Cabestran,
Tirez le Hautban,
Adieu ma Nanon, chere brune
Faut lever l'ancre,

On

On crie par tout au Bord,
   Matelots
Que chacun entre
A bord de son Vaisseau.

F I N.

CHANSON NOUVELLE.

*D'une jeune Fille qui demande à sa mere un
jeune Milicien en Mariage.*

Sur l'air : *Je m'en vais prendre la boulette.*

UNe fille dit à sa mere,
   Mariez-moi, car il est tems,
Ou vous verrez d'autres affaires.
Avant qu'il soit fort peu de tems ;
Mon ami vient de la milice,
Il m'a fait mille complimens,
En badinant, en cajolant,
Par amourette, mon très cher amant,
Il s'est saisi de ma houlette,
Helas ! je l'aime tendrement.
   Sa mere repond en colere,
Quoi, petite folie, à present
Vous voulez quitter pere & mere
Pour plaire à vôtre cher amant ;
Ne me mettez pas en colere,

Ne

Ne me parlez pas de cela,
Ah ! taifez-vous, c'eſt bien à vous,
De vouloir prendre pour époux,
Un Milicien qui vient de Guerre,
Qui vous tuera au premier jour.

  Ma mere, à la fleur de mon âge,
Me faut-il être ſans amant;
Seraî-je dedans l'eſclavage,
Aux plus beaux de mes jeunes ans ?
Si ma couſine Catherine
En a fait un à qnatorze ans;
N'ai-je pas aſſez bonne mine
Pour n'être pas dans l'embarras,
Pourquoi me promener ſeulette,
Sans mon amant deſſous le bras.

  Taifez-vous petite cauſeuſe,
Ne me parlez pas d'un amant,
Je vous mettrai Religieuſe,
Dedans un beau petit Couvent,
Et là vous ſerez bien contrainte,
A jetter vos amours au vent ;
Ne parles plus de ces abus,
Car vos diſcours ſont ſuperflus;
Si vous parlez de mariage,
Je vous donnerai du pied au cul.

  Faudra-t-il toujours reſter fille ?
Helas ! j'en ſuis au deſeſpoir,
J'aime mon Milicien, bon drille,
Je ne puis vivre ſans le voir ;

Et

Et bien, quoique maman en dife,
Je l'aurai, je le veux avoir,
Si mon papa ne le veut pas,
Je ferai chez nous du fracas ;
En un mot je prendrai la route,
Avec lui tout comme un Soldat.

F I N.

CHANSON NOUVELLE,

Sur l'air : *L'on ne peut fuir à fon malheur.*

JEunes garçons qui defirez
  Vous mettre en mariage
Je vous prie ; confiderez
L'embarras du menage ;
Car lorfqu'on y eft engagé,
L'on a tout le tems d'y fonger.
    Tandis qu'un garçon fait l'amour,
Il a mille louanges,
La fille à qui il fait la cour
L'honore comme un Ange,
L'apellant le Roi de fon cœur,
Lui met la couronne de fieur.
    Au regiment des mécontens,
L'on a bien des allarmes,
On peut bien dire adieu bon tems
Quand on prend uné femme,

Pour

Pour quelque moment de douceur,
L'on a mille peines & douleurs.

 Cinq mois après ou environ,
L'on voit ces épousées
Cracher bien fort les tisons,
Des biles, & degoutées,
Faut du vin ou d'autres liqueurs;
Pour leur fortifier le cœur.

 Puis au bout de l'an au plus tard,
C'est bien d'autres allarmes,
Il faut courir maître Godard,
Querir la Sage-Femme,
Puis agir de tous les côtés,
Chercher couches, linges apprêtez.

 Les commeres en cas d'embarras,
Crient, faut de la chandelle,
Des œufs aussi, du vin muscat,
Sucre & de la canelle,
Puis de la farine & du lait;
Faut toujours fouiller au gousset.

 Il faut que l'homme aille prier
Le Parrain, la Maraine,
Aussi avertir le Curé
Pour faire le Baptême,
Et puis au logis sans faillir,
Il faut mettre le pot boüillir.

 Quinze jours après bien souvent,
La femme relevée,
Dit à son mari rudement;

Va

Va-t'en à la journée,
Et songe à gagner de l'argent
Pour nourrir la mere & l'enfant.

Si l'homme avecque ses amis,
Va pour boire chopine,
La femme comme un antechrist,
Va d'une humeur chagrine,
Criant vilain diable, gourmant,
Tu depense tout nôtre argent.

Puis quand il est dans la maison,
Sa femme le veut battre,
En colere comme un Lion,
Faisant le diable à quatre,
Disant vilain, tu mange tout
Tu couche dehors à ce coup.

F I N.

CHANSON, *BERGERE NOUVELLE*

Sur l'air : *D'une Musette badine.*

POurquoi faire attendre, Collette,
Un Amant languissant pour vous,
Me voyant venir sur l'herbette,
Ne craignez-vous pas mon courroux?
En amour l'on perd patience,
On ne peut toujours resister,
Voyant ma grande vigilance,
Vous devez un peu vous calmer.

Con-

Confiderez lorſque l'on aime,
Et que l'on ne peut être aimé,
L'embaras & la peine extrême,
Et où l'on ſe trouve plongé :
Un Marinier échoué dans le ſable,
Reſt en peine au milieu des flots,
Mon cœur, de même tu m'accables,
Je n'ay un moment de repos.

Ton nom ſe nourrit dans mes levres,
Le repetant cent fois le jour,
La nuit tu es dedans mes rêves,
Je ne ſonge qu'à tes amours,
Je rapelle ton indifference,
Ta beauté m'éveille en furſaut,
Je vois toûjours en apparence
Celle qui cauſe tous mes maux.

Cher Amant, tu chante un martire,
Que tu ſouffre le voulant bien,
Entens-tu mon cœur qui ſoupire,
Juge ſi cela te convient ;
Je fus cruelle, mais par force,
C'étoit pour éprouver ton cœur,
Mais voyant ton amour écloſe,
Aſſure toi d'être vainqueur.

Qui cauſa mon indiference,
Et mon amour ſi menager,
Je te croyois dans mon abſence,
Ingrat & ſujet à changer,
J'ay eû grand tort de le faire,

Je

Je connois ta fidelité,
Sois donc fidelle à ta Bergere,
Et moy fidelle à mon Berger.
 Efperons qu'un amour fi tendre,
Nous accompagnera toûjours,
Quoi que nous ayons fait attendre,
L'un & l'autre dans nos amours,
Nous fommes à prefent tranquilles,
Ne craignons envieux ni jaloux,
Nous atteignons l'heureux azile,
Pour joüir d'un tranfport fi doux.

FIN.

CHANSON NOUVELLE,

Sur tous les états de la vie.

Sur l'air : *Et voilà comme l'homme n'eft jamais content.*

L'Homme prévoyent fes malheurs,
 Exprime en naiffant fes douleurs,
Effrayé du fort qui le preffe,
On a beau bercer fa trifteffe ;
On ne la peut point endormir :
Et voilà comme
L'homme
Eft né pour fouffrir.

D   L'on

L'on amuse ses jeunes ans
Par les jeux les plus innocens,
Ensuite les soins de l'étude
Réveillent son inquietude,
Sur les livres il faut pâlir :
Et voilà comme
L'homme
Est né pour souffrir.

Après, la jeunesse en sa fleur
Réveille l'amour dans son cœur,
Brûle t'il pour une maîtresse,
Les parens troublent sa tendresse,
Et s'opposent à son désir :
Et voilà comme
L'homme
Est né pour souffrir.

Puis quand la douce passion
De l'amour n'est plus de saison,
Sa déplorable destinée
L'attache au joug de l'hymenée,
Alors il n'a plus de désir :
Et voilà comme
L'homme
Est né pour souffrir.

Une femme comme un lutin,
Clabaude du soir au matin,
Tout blesse sa délicatesse,
L'esprit du mari, la vieillesse ;
Il n'est point suivant son désir :

Et

Et voilà comme
L'homme
Est né pour souffrir.
   Ensuite les cris des enfans
Viennent augmenter ses tourmens,
Sans cesse il les voit s'entrebattre,
Faire chez lui le diable à quatre,
Lui désolé n'y peut tenir :
Et voilà comme
L'homme
Est né pour souffrir.
   Tous ces enfans devenus grands,
Pour les marier il faut tant,
Pour pouvoir les mettre à la porte,
Nul n'est content, chacun marmotte ;
Sans argent l'on ne peut finir :
Et voilà comme
L'homme
Est né pour souffrir.
   Ensuite accable sous le poids
Des ans, & réduit aux abois,
La fiévre ardente le consume,
Un Prêtre appellé . . .
Le confesse avant de mourir ;
Et voilà comme
L'homme
Est né pour souffrir.
   A-t'il subi le loi du sort,
On s'empare du coffre-fort,

Puis

Puis on l'expose sous la porte,
Le Curé promptement l'emporte,
La femme affecte de gémir :
Et voilà comme
L'homme
Est né pour souffrir.

F I N.

CHANSON NOUVELLE.

Sur l'air : *Je songeoit cette nuit que d'une*
main hardie.

JE rêvois cette nuit,
Qu'auprès d'une fontaine
J'avois surpris sans bruit
Mon aimable Climene ;
Oh Dieu qu'elle étoit belle !
Amour dans mon sommeil,
Que ne la vis je telle
Dans mon subit reveil.
  Sous un ombrage frais
Elle étaloit ses charmes,
L'amour de son carquois
En enchantoit ses armes ;
Dans ces lieux soli aires
Les vents & les oiseaux,
De l'aimable Bergere
Respectoient les sanglots.

Tout

Tout faisoit en ces lieux
Un aimable silence ;
Tout sembloit à mes vœux
Donner de l'assurance ;
J'ai senti dans mon ame
Alors mille douceurs,
Je pensois que ma flamme
Obtiendroit ses faveurs.

    Je repaissois mes sens
D'une vaine chimere,
Lorsque du jour je sens
La facheuse lumiere
De la belle Climene,
Alors le dur sommeil
Me laisse hélas a peine
Les charmes du reveil.

F I N.

CHANSON NOUVELLE.

Sur l'air, : *Je crois que toute la terre
est à moi.*

QUand dans ce réduit solitaire
    Je rencontre la belle Iris,
Et que je vois les jeux, les ris
Folâtrer près cette Bergere,
Amis dans mon plasir je croi

D 3

Que

Que toute la terre ,
Que toute la terre est à moi ,
Que toute la terre est à moi.

Dans ses yeux l'amour étincelle,
Il en sort mille & mille feux ;
De nos forêts les tendres Dieux
Ne parlent aux échos que d'elle,
Amis dans.mon plaisir je croi
Que toute la terre, &c.

J'aime à chanter, elle aime à rire,
Je l'aime, elle m'aime tendrement ,
Et pour soulager mon tourment,
Cette belle avec moi soupire,
Amis dans mon plaisir je croi
Que toute la terre, &c.

Nos Bergers près d'elle sans cesse
Viennent pousser mille sanglots,
Ils font retentir nos échos
Des cris touchans de leur tendresse,
Amis dans mon plaisir je croi
Que toute la terre, &c.

Mais cette charmante Bergere
N'écoute d'aucun d'eux les feux ,
Et plus je les vois malheureux,
Et plus sa froideur sçait me plaire,
Amis dans mon plaisir je croi
Que toute la terre, &c.

Elle aime entendre ma musette,
Chanter mon amour, sa beauté,

De

De mes fons fon cœur enchanté,
S'entretient dans cette retraite,
Amis dans mon plaifir, je croi
Que toute la terre, &c.

F I N.

MENUET DE LA PUPILLE.

SOrtez d'embarras
Jeunes Fillettes,
Sans être indifcrettes,
Faites briller vos appas,
Le modefte Amant
Sçait comment
On s'explique,
Quand fa Rethorique peint fes feux,
Ayez la replique
Dans vos yeux.
    Mon timide amant
Toujours foûpire,
Et de fon martyre,
Il fe plaint à chaque inftant,
Ses yeux languiffans font touchants,
Je fuis tendre,
Mon cœur va fe rendre,
Ah! je le fens,
S'il ofe entreprendre,
J'y confens.

D 4   Mon

Mon berger conſtant
M'eſt fort fidele,
Il me renouvelle
A tous momens ſes ſermens ;
Son air ſoûpirant
Dans l'inſtant
Me rend tendre,
Il peut attendre de mon cœur,
Mais lui dois-je apprendre
Son bonheur ?

Jadis un tendron
Etoit farouche,
Jamais dans ſa bouche
L'amour ne trouvoit ſon nom ;
L'amour outrage
A changé
La methode,
Mais elle incommode vôtre ardeur :
Mettons à la mode
La pudeur.

Dans ce bois charmant
Mon cher Liſandre
Devoit bien ſe rendre
A mes vœux plus promptement,
Se peut-il qu'un fidele amant
Faſſe attendre,
Ah ! pour un cœur tendre
Quel tourment !
Amour, fais lui prendre

Le

Le moment.

    Ce retardement
Me dit sans cesse,
Que de ma tendresse
On craint le feu violent ;
Helas ! ce n'est plus l'inconstant
Qui m'entraîne,
Brisons nôtre chaîne,
Sa froideur
Triomphe sans peine
De mon cœur.

    Mais, que vois-je, ô Dieux ?
Oh ! c'est lui-même,
Le berger que j'aime,
Vient me trouver en ces lieux,
L'amour qui paroît en ses yeux
Me devore,
Que je brûle encore
De ses feux ;
Amant que j'adore,
Sois heureux.

    J'aime ma Catin,
Mais sa tendresse
Ne vaut pas l'ivresse
Que Bacchus cause en mon sein ;
Je ris du tourment
D'un amant
Qui soûpire,
Son air me fait rire, que Bacchus

D 5   Calme

Calme ton martyre,
Par son jus.
　　La jeune Fanchon
Fait l'ignorante,
Mais elle est sçavante
Seulette avec Corydon,
Hier dans un coin
Sans témoin,
La friponne
Des biens qu'amour donne fit estay,
Ce Dieu les couronne
En secret.
　　L'amour n'a jamais
Troublé ma vie,
Mais j'ai vû Sylvie,
Et je cede à tant d'attraits ;
Esprit seduisant,
Teint charmant,
Port de Reine,
Ah ! la douce chaine, quand une cœur
Trouve dans sa peine
Son bonheur.
　　La timidité
Peint sa tendresse,
Sa delicatesse
Dresse un temple à la beauté,
Un foible regard
Plus que l'art
A ses charmes,

Un

Un soûpir defarme la rigueur,
Souvent une larme
Rend vainqueur.
    Vous, objet charmant,
Seul que j'adore,
Pourquoi faire encore
Refus de moi pour amant?
Moi, qui de tout tems
Fut conftant,
Quel partage!
C'eft un efclavage d'être amant,
Que tu es volage,
Cher enfant.
    Ne me quittes pas,
Je fuis bien aife
De te voir Therefe
Au milieu de tes appas,
Quoi, tu veux quitter
Ton berger,
Oui fans doute,
Voilà mon parti pris, laiffe-moi,
Prends une autre route
A ton choix.
    Amans, les plaifirs
Sont à Cythere,
Mais le doux myftere
N'y conduit pas fans foûpirs;
On doit s'embarquer
Sans rifquer

D 6

Le

Le voyage!
Qui craint le nauffrage jufqu'au port,
Trouve le rivage
Sans effort.

Que ce jeune époux
Qu'on me deftine,
A l'humeur badine,
Ah! qu'il eft galant & doux:
Malgré mes efforts,
Ses tranfports
Me font craindre
Qu'il ne veüille joindre nos deux cœurs,
Je ne puis contraindre
Ses ardeurs.

Daphnis, l'autre jour
Me dit Lifette,
Veux-tu fur l'herbette
Joüer un doux jeu d'amour?
Je lui dis non, non,
Mon mignon,
La fleurette
Souvent inquiette
Un tendron,
Laiffe moi feulette, mon garçon.
Tout eft aimable,
L'on y voit à table
Venus & toute fa Cour,
Son fils prend le vin
Le plus fin

Nous

Nous en verfe,
Son trait vole & perce nôtre fein
Bacchus nous renverfe,
Quel deftin !

FIN.

* * * * * * * * * * * * * *

VAUDEVILLES

DES FRANÇOIS,

AU SERAIL.

ACTE PREMIER.

LES FLEURS.

I.

AUx Fleurs qu'ici l'on voit éclore,
En plus d'un point nous reffemblons,
Et comme ces filles de Flore,
Nous voyons mille Papillons.

II.

Le bys dont la blancheur enchai
A nôtre honneur reffemble bien,
Le defir de l'avoir vous tente,
Mais l'avez-vous, il n'eft plus rien.

D 7   III. La

III.

La Thubereuse qui m'entête,
Par la force de son odeur,
Est pour moi femme qui tempête,
En faisant sonner son honneur.

I V.

Dans une roze qui nous flate
Est l'image de la beauté,
Dans l'instant même qu'elle éclate,
On connoît sa fragilité.

V.

Quoique je sois à peine éclose,
Je serai pourtant de saison.
Tous les jours en cüeillant la roze,
Ne cüeille-t'on pas le bouton.

V I.

L'humble & modeste violette,
Cache sous l'herbe ses appas,
C'est l'image d'une Brunette,
Qui plaît en ne le croyant pas.

V I I.

Le pavot à tête pesante,
Tient du Héros de coffre fort,
Son éclat prévient, il vous tente,
Mais au bout du compte il endort.

VIII. Les

VIII.

Les Barbeaux ne font point envie,
C'eſt le partage des enfans ;
Mais pour moi j'aime à la folie
Les fleurs qui ſe cüeillent aux champs.

IX.

Je ne ſuis point embarraſſée
Pour le choix ni pour les couleurs,
Et je m'en tiens à la Penſée,
C'eſt la plus diſcrete des Fleurs.

ACTE SECOND.

LE SERAIL.

I.

QUand on contraint nos deſirs,
Nous ne pouvons des plaiſirs
Goûter la flateuſe amorce,
Mon cœur ne veut point de Loix,
Lorſqu'il aime, c'eſt par choix ;
Tout d'amitié, rien de force.

II.

Pourquoi voit-on tant d'Epoux
Se quitter avec couroux,
Et publier leur divorce ;

Auſſi-

Auffi-tôt qu'on a dit oüi,
Chacun veut être obéi,
Tout d'amitié, rien de force.

III.

Pour favorifer Damon,
Aux droits du jaloux Orgon
Life donne mainte entorfe :
L'Epoux choque en commandant,
L'amant plaît en demandant :
Tout d'amitié, rien de force.

I V.

Un crédule Adorateur,
Paye cherement un cœur,
Dont il ne voit que l'écorce,
Souvent fans rien débourfer,
D'autres l'ont fçu devancer :
Tout d'amitié, rien de force.

V.

S'il me tomboit un Mari,
Qui fut jaloux, ou rigri,
Ah ! que je ferois retorfe :
S'il s'en raportoit à moi,
J'agirois de bonne foi :
Tout d'amitié, rien de force

VI. Pour

VI.

Pour se faire aimer soudain,
Bien souvent la bourse en main,
Plutus vainement s'efforce;
Tandis qu'offrant cœur pour cœur,
L'amour sans peine est vainqueur :
Tout d'amitié, rien de force.

ACTE TROISIE'ME.

LE MOUCHOIR.

I.

UNe Veuve inconsolable
Pleure du soir au matin
La mort d'un Epoux aimable,
Et veut finir son destin :
Pour elle rien n'a de charmes,
Mais Damis l'est venu voir,
Et pour essuyer ses larmes,
Il lui donne son Mouchoir.

II.

Cléon dans une coulisse,
Croit être dans un Serail,
Il y cajole une Actrice,
Et s'y fait voir en détail;
Mais pour prix de sa fleurette,
Il en reçoit le bon soir,

D'un

D'un Souffermier qui la guette,
Elle a reçû le Mouchoir.

III.

Plus d'une Marchande habile
Vous agace en plein Palais,
Et fa Boutique eft l'azile
Des grands & petits Colets;
Le Robin vante fa flamme,
Mais l'Abbé fur le comptoir,
Sans dire mot à la Dame,
Laiffe en fortant fon Mouchoir.

IV.

Je ne fuis plus fi Novice,
Je commence à deviner :
Mon cœur n'eft pas fans malice,
L'Amour l'a fçû faconner;
Maman, fon erreur eft grande,
Croit que je ne fçay rien voir,
Je fçay ce qu'on lui demande,
Quand on lui donne un Mouchoir.

V.

On dit que le mariage
Eft le tombeau de l'Amour,
Et que maint Epoux enrage,
Même avant le fecond jour :

J'en

J'en puis juger par la flamme
De mon Epoux qui fair voir,
Que ce n'eſt point à la femme
Que l'on donne le Mouchoir.

VI.

AU PUBLIC.

Nous avons beau d'un ouvrage
Attendre de grands eſfets,
MESSIEURS, c'eſt vôtre ſuffrage
Qui répond de ſon ſuccès :
Par un ſilence qui dure,
Vôtre air content ſe fait voir :
Le bruit des mains me raſſure,
Je crains celui du Mouchoir,

F I N.

CHANSON NOUVELLE,

Sur l'air : *Adieu Paniers, Vendanges, &c.*

ON vous dit chez maintes coquettes,
Quand le Gouſſet n'eſt pas garni,
Bel Amant décampez d'ici :
Car ſans argent vendanges ſont faites.

Oh

⁂

On croit sages comme Nonnettes,
Telles qui ont plusieurs Galans,
Qui même dès leurs jeunes ans,
De leur honneur vendanges ont faites.

⁂

D'un Buveur la joye est parfaite,
Quand la vigne a beaucoup de fruit :
Mais quel chagrin quand on lui dit,
Que les frimats le vendange ont faite.

⁂

A la plaintive Colinette
Disoit un jour le dur Lucas,
Je t'aimois, tu ne m'aimois pas :
Adieu paniers vendanges sont faites.

⁂

Femme à trente ans n'est plus jeunette,
Elle ne tente aucuns Galans,
Pour elle hélas ! depuis cinq ans
Adieu paniers vendanges sont faites.

⁂

La sincerité fait retraite,
L'équité de fort près la suit ;
Voulez-vous trouver du crédit,
Adieu paniers vendanges sont faites.

Quand

**
*

Quand on compose chansonnettes,
On tache de donner du beau :
Mais il n'y a plus de nouveau,
De tous Sujets vendanges sont faites.

F I N.

CHANSON NOUVELLE,

Sur l'air : *Que je regrette mon Amant.*

ENtre un amant & un époux,
Que l'on trouve de difference ;
L'amant est plein d'égards pour vous,
Le mari plein d'indifference ;
Une belle dedans les champs,
Poussoit ces douloureux accens.

**
*

Quand Tircys me disoit un jour,
Je brûle pour vous d'un air tendre,
Devois-je écouter son amour,
Devois-je m'y laisser surprendre ;
Si l'on connoissoit les amans,
L'on ne croiroit point leurs sermens.

**
*

Je lui dis, Tircys vôtre ardeur
Sçait me toucher ; mais de Clarice
N'espe-

N'efperez aucune faveur,
Que l'hymen à vous ne l'unisse ;
Oui, si vous voulez être heureux,
Tircys marions-nous tous deux.

**

Ah ! que ce propos est charmant,
S'écria Tircys , qu'il est sage,
Ne tardons pas un seul instant
A faire ce doux assemblage ;
Je fais serment à vos genoux
D'être bien plus amant qu'époux.

**

Je crus trop ce discours trompeur
De mon cœur je le fils le maître ,
Eut-il satisfait son ardeur,
Je ne vis plus en lui qu'un traître,
Qui bien loin de m'aimer toujours,
M'aima tout au plus quinze jours.

**

Je n'ay de lui que des mépris,
Des infidelitez sans nombre,
Il voit Colette , il voit Iris,
Hier encor Ismene à l'ombre ;
C'est trop souffrir, & de ce pas
Je cours me venger chez Lycas.

F I N.

AUTRE

* * * * * * * * * * * *

AUTRE CHANSON NOUVELLE,

Sur l'air du Vaudeville de la Pupille.

COmment, nous avons quatorze ans,
    Difoient deux aimables Bergeres,
Et nous rebutons les amans;
Pourquoi fommes-nous fi fevéres?
Aimons Tyrcis & Coridon,
Qui nous prefentent leurs hommages,
De nos cœurs faifons leur le don,
Profitons du bel âge.

***

A peine le mot fut-il dit,
Que voilà Tyrcis devant elles;
Qui des trois parut interdit,
Ce fut affurement nos belles:
Mais enfin on avoit parlé,
Et Tyrcis venoit de l'entendre;
Pouvoit-il être refufé?
Il fallut bien fe rendre.

Oui,

✱✱✱

Oui, dirent-elles, beau Berger,
Nous avoüons nôtre défaite,
Vous avez fçu nous engager,
Aimez-nous d'une ardeur parfaite ;
Soyez fidéles & conftans,
Nous ne ferons jamais volages ;
Joüiffons tandis qu'il eft temps,
Tous quatre du bel âge.

✱✱✱

A Corydon tout auffi-tôt
Tyrcis va porter la nouvelle ;
Qu'il eft aimé de fa Margot,
Qu'elle ceffe d'être cruelle ;
Que par un heureux coup du fort,
Il en a furpris l'aveu tendre,
Qu'il eft charmant, quand fans effort
Tendrons veulent fe rendre.

F I N.

CHAN-

* * * * * * * * * * * * * *

CHANSON NOUVELLE;

MENUET D'OMPHALE.

IL n'est rien que l'Amour n'égale,
Ce sont les mêmes loix
Pour les Bergers & les Rois;
L'on a vû pour la belle Omphale,
Le fier Alcide enchaîné par le Dieu d'a-
      mour
Et l'Aurore plus matinale,
Pour voir le jeune Cephale,
Forcer la barriere du jour.
    Il n'est beauté qui vous égale,
Sous vos aimables loix
Vous rangez Bergers & Rois,
Vous avez plus d'attraits qu'Omphale :
Dans vos beaux yeux j'apperçois le folâtre
      amour ;
Trop heureux le Berger Cephale,
Qui pour vous rendre matinale
Pourroit vous faire aimer un jour.
    Non je n'aimerai de ma vie
Les sermens d'un Amant
Ne durent pas un moment,
Lassé des rigueurs de Sylvie ;

E   J'a

J'avois juré de les noyer dans ce vin frais :
Mais, hélas, malgré mon envie,
Bacchus m'a trop bien servie,
Je l'aimerai plus que jamais.

F I N.

Vaudevilles de la Comédie Françoise.

Du Ballet des vingt-quatre heures, ambigie représenté devant Sa Majesté à Chantilly, le cinq Novembre 1722.

JE ne ferai point d'autre Amant,
  Que Tyrcis n'ait d'autre Maîtresse :
J'imiterai son changement ;
S'il trahit jamais sa tendresse,
Qu'il en aime deux à la fois,
Je ne serai pas incommode,
Pour un Amant j'en prendrai trois,
Il faut suivre la mode.

  Iris, coëffée en chien Barbet,
Cessera bien-tôt de me plaire :
Quand elle prend son Bagnolet,
Elle ressemble à sa grand-mere ;
Lorsqu'en Amant sensé je veux
Blâmer cette étrange méthode,
Elle répond d'un ton fougueux,
Il faut suivre la mode.

Dépuis

Dépuis un tems le Magiſtrat,
Met d'une galante maniere
En pretîntaille ſon Rabat,
Son Caſtor à la cavaliere ;
Nos Juges jusques aux barbons
Ne veulent point ſentir le Code ;
Et nous diſent pour leurs raiſons,
Il faut ſuivre la mode.

    Autrefois de ces blonds cheveux
Celimene faiſoit parure,
Mais à préſent elle eſt bien mieux
Ayant mis bas ſa chevelure :
De cent mille brinborions
Sa tête aujourd'hui s'accommode ;
Peut-on ſe paſſer de Ponpons ?
Il faut ſuivre la mode.

    Un Procureur nôtre voiſin,
Jaloux de ſa femme la rage,
Se trouva ſans bois & ſans vin,
Tout lui manquoit dans ſon ménage
A la fin réduit aux abois,
Il ſe rendit mari commode,
Il eut du vin, il eut du bois,
Il faut ſuivre la mode.

    De Manant me voilà Portier,
Si de même toujours j'avance,
Je ſerai bien-tôt Financier ;
Morgué que je ferai bombance :
Au fond d'un biau Caroſſe aſſis,

E 2

Je

Je ferai comme une Pagode,
J'oublîray mes meilleurs amis,
Il faut fuivre la mode.

F I N.

D I A L O G U E,
de Tyrcis & de Cloris,

Sur l'air : *Des Folies d'Espagne*,
ou bien, *Un bon Pêcheur : la Pêche eft*
malheureufe.

C L O R I S.

INgrat Berger, que vous êtes volage,
Quoi le Printems n'a plus pour vous
d'attraits !
N'irons nous' plus fous ces naiffans feuil-
lages
De nos amours entretenir les faits ?

**

R E' P O N S E.

Sur l'air : *De Monfeigneur le Dauphin*, en
1698 ; ou, *J'irai chez vous vous voir,*
ma jolie Dame ; ou bien, *Bacchus difoit*
pour m'exciter à boire.

T Y R C I S.

Vous l'avez dit, mais je ne puis m'en
taire,
J'ai des raifons qui m'obligent à changer

J'ai

J'ai déja fait le choix d'une Bergere,
Pour vous , Cloris, faites choix d'un
    Bergèr.
  Cloris. Qu'ay-je donc fait qui puisse vous
    déplaire ?
Ai-je épargné mes soins & mes faveurs ?
N'ai-je par fait tout pour vous satisfaire ?
N'avez-vous pas vû toute mon ardeur ?
  Tyrcis. Je vous connois inconstante &
    volage,
C'est justement, Cloris, dont je me plains :
Je vous ai vû sous ces naissans feuillages
De vos amours entretenir Colin.
  Cloris. Mon cœur n'est point tout com-
    me vous le dites,
Vous seul, Tyrcis, avez sçû me charmer,
Arrêtez-vous, & n'allez pas si vîte,
Expliquez-vous , cessez de m'allarmer.
  Tyrcis. Allarmez-vous, je ne m'en sou-
    cie gueres
Souvenez-vous que quelqu'un de ces jours
Je vous ai vû là-bas sur ces bruyeres
Entretenir Colin de vos amours.
  Cloris. Soûtenez moi, cher Tyrcis, je
    me pâme,
Car je ressens une extrême langueur,
Je ne sens plus ni mon cœur ni mon ame,
Si ce n'est vous, cher Tyrcis, je me meurs.
  Tyrcis. Que servent tous ces hélas & ces

        plain-

plaintes,
Ces longs foûpris font affez fuperflus :
Moi tout d'un coup j'ai chaffé toutes
craintes,
Ah ! c'en eſt fait, je ne vous aime plus.
Cloris. Mon cher Tyrcis, venez, je
vous convie,
De grace ici me dire verité ;
Et ſi j'ai fait une telle folie,
Puniſſez-moi avec feverité.
Tyrcis. Pardonnez-moi, mon aimable
Maîtreſſe,
Prenez-vous-en, ma belle, à vos beaux
yeux ;
Et puisque j'ai pour vous de la tendreſſe,
Joignons tous deux nos plaiſirs amoureux.
Cloris. Ah ! cher Tyrcis, pourquoi
vous en dédire ?
Vous m'avez dit que vous ne m'aimiez
plus :
Dès ce moment ceſſera mon martyre,
Et c'en eſt fait, ne vous allarmez plus.
Tyrcis. Vous partagez vôtre cœur pour
un autre,
En l'engageant, Cloris, penſez-y bien ;
Vous voudriez m'avoir donné le vôtre,
Quand une fois vous auriez pris le mien.

F I N.

CHAN-

* * * * * * * * * * *

CHANSON NOUVELLE.

Sur le choix d'un bon Amant.

Sur l'air : *Du Cordon bleu.*

EN amour on n'entend pas raison,
Chacun a son goût & sa maniere ;
Le Berger sur le naissant gazon
Folâtre avec sa jeune Bergere,
Le Guerrier en Hercule nouveau
Brusque avec audace
La plus forte place ;
Maître Robin fait le pied de veau,
Moi je fais l'amour sur le cul du tonneau.

    Je ne veux point d'air effeminé,
Vôtre Blondin n'a que de l'eau claire ;
Je ne veux rien qui me prenne au né
Vôtre Rousseau n'est pas mon affaire ;
Pour les Bruns dont on parle tant,
J'en ai fait l'épreuve,
Je n'y suis pas neuve ;
Ma foi pour aller en avant ;
Vive un Cavalier de ce Régiment.

    Le jeune homme ne se pique pas
D'avoir l'ame aux belles complaisante,
Les Vieillards n'en font pas plus de cas
Que d'un nouveau livre en langue sça-
       vante :
Parlez-moi de ces bons guerriers,

E 4

                             D'estoc

.D'estoc & de taille
Qui servent en bataille,
Mars les a pris pour ses fourriers;
Venus pour les siens les bruns écuyers.
    Un Gascon a l'air mal-propre & sec,
Un petit maître n'a que la parure;
Les Adonis n'ont que du caquet,
Le pédant sent trop la fourrure;
Les jolis bruns sont du métier,
En galanterie
Ils tiennent partie,
Un seul d'eux vaut plus d'un millier
Des Amans qui veulent caresser.
    L'indifferent gros & gras, qui dort,
Et qui laisse en paix chanter les Muses,
C'est belle montre & peu de rapport,
N'allez pas chercher ce qui l'amuse;
Le Philisophe mal entretenu
Met son esperance
Dedans sa science?
Le joli brun par tout bien venu,
Sçait d'un bon combat se faire un revenu.
    Vous dont le cœur pour l'amour est
      épris,
Cherchez à faire quelque bonne emplette
Des vertus de differens esprits
Vous avez la légende complette:
C'est à vous de ne pas oublier
Que pour être sure

                    D'un

D'un plaisir qui dure,
Faut vîte vous associer
A la bravoure d'un brun Officier.

Le fainéant quoique bien nourri,
Au travail d'amour n'excite gueres :
Le joueur toujours mal servi
Ne peut être propre à ce mystere :
Le Poëte qui va nuds pieds
Amassant des crottes,
N'ey peut être propre :
Ma foi nous avons beau chercher,
Je m'en tiens toujours à l'Officier.

Si de la bande on demande le choix,
Je ne voudrois point d'un Parasite :
Le fat Puriste n'auroit pas ma voix,
Il n'a pas l'air d'un trop grand mérite :
Les Grenadiers se font appréhender,
Leur mine severe
Ne me sçauroit plaire ;
Les Gens-d'armes pourroient passer,
Mais ils ne valent pas mon brun Officier.

F I N.

CHANSON NOUVELLE.

Sur l'air : *Quand je bois de ce bon vin.*

QUe le trictrac a d'appas !
Belle n'y jouerons-nous pas ?
Il est vrai ce jeu

Me

Me met tout en feu,
J'en veux être malade,
Pourvû que je vous fasse un peu
Tenir en embuscade… lan la,
Tenir en embuscade.

   Vous jouez ce jeu si bien,
Que sur vous je ne prends rien;
Un Jean de trois coups,
Un grand Jean sur vous,
Ne vous étonne guéres,
Un Jean qui ne veut rien du tout
Pour me tirer d'affaire… lan la,
Pour me tirer d'affaire.

   Quand vous avez mis dedans,
Vous remplissez à l'instant;
D'un si mauvais tour
Se plaindroit l'Amour,
Et romproit la partie,
Aussi-tôt d'un Jean de retour
Une belle s'ennuye… lan la,
Une belle s'ennuye.

   A faire des petits Jeans
Vous réduisez donc les gens;
Mais tous ces grands coups
Sont toujours pour vous,
Tout mon sang se barbouille
De ne pouvoir prendre un seul trou,
Et perdre ainsi bredouïlle… lan la,
Et perdre ainsi bredouïlle.

Je

Je ne puis ni près ni loin,
Iris, battre vôtre coin ;
A marquer vos points
Vous courez à point,
Vous êtes entenduë,
Et vous ne vous étalez point
En Margot la fenduë … lan la,
En Margot la fenduë.
   Quand mon beau jeu semble aller
Tout droit à vous enfiler,
Je ne prends souvent,
Iris que du vent ;
Car craignant l'embuscade,
Vous mettez au plûtôt devant
Pour sauver l'enfilade … lan la,
Pour sauver l'enfilade.

F I N.

CHANSON NOUVELLE,

CHers amis de la table ronde
Eloignons de nous Cupidon,
Eloignons, ons, ons, ons, ons,
Eloignons, ons, ons, ons, ons,
Eloignons de nous Cupidon.
   Qu'on m'apporte ici cent bouteilles,
Pour noyer l'amour dans le vin,
Pour noyer, er, er, er, er,
Pour noyer, er, er, er, er,

E 6

Pour

Pour noyer l'amour dans le vin.
Je veux l'aimer toute ma vie,
Et ne plus, us, us, us, us,
Et ne plus, us, us, us, us,
Et ne plus songer à l'amour.
Que Manon est agréable
Quand elle a le verre à la main;
Quand elle a, a, a, a,
Quand elle a, a, a, a,
Quand elle a le verre à la main.

F I N.

CHANSON NOUVELLE,

Sur l'air : *Au gué lanla.*

TU te mets en colere, petit mari,
Vais je n'ai point affaire d'un favori,
Tu seras toujours mon bichon,
Mon petit mignon, tant qu'il te plaira;
Au gué lanla lan lire,
Au gué lanla.

F I N.

***

CHAN-

* * * * * * * * * * * * *

CHANSON NOUVELLE,

Sur l'Amour & le Vin.

SI j'aime Coridon, qu'en avez-vous à
faire !
Il sçait l'art de me plaire,
Il a des sentimens,
Tous les jours il me fournit des amuse-
mens.
Je chéris un bon vivant de ma connois-
sance,
Il boit, il rit, il danse,
Il a bien du crédit,
Car à chaque moment il varie mes plaisirs.
Ah ! qu'il aime le contentement de
Nannette,
Elle aime l'Epinette,
Le Luth, le Violon ;
Pour moi j'aime le contentement de Go-
don,
Ah ! que j'aime le Greffier de nôtre
Village,
C'est un beau personnage,
Il aime le vin gris ;
Une autre aime le Notaire qui toujours rit.

Prenez mon Violon, mon aimable An-
Il aime la Musique   [gelique,]
Et ce bel instrument,
Feroit dans vôtre concert un plaisir char-
          mant.
     Le grand bien que les vignes font par
          tout le monde,
Sur la terre & sur l'onde,
Tout vit de leur liqueur,
Par ma foi sans les vignes rien n'auroit
          vigueur.

F I N.

CHANSON NOUVELLE,

Sur l'air : *Vous m'entendez bien.*

AU jeu de l'Ombre le mari
  Ne gagne jamais qu'à demi :
Eût-il quatre Espadilles,   hé bien,
L'Amant gagne Codille,
Vous m'entendez bien.
     Au moindre signe, au moindre mot,
La femme fait toujours Gano,
Et quand le mari coupe,   hé bien,
Le Galant lui sur coupe,
Vous m'entendez bien.

F I N.

AUTRE.

A U T R E.

J'Etois contre l'Amour
Dans un dépit extrême,
Et j'avois réſolu de finir ma langueur,
Mais hélas! eſt-on maître de ſon cœur
Quand on voit ce que l'on aime.

FIN.

CHANSON NOUVELLE,

RONDEAU.

Sur l'air: *Il étoit un doux Berger près de
ſa Bergere.*

TYrcis auprès d'un huiſſon,
Sur la naiſſante herbette,
Récitoit une chanſon
A ſa chere Liſette;
Mais tandis qu'elle l'écoutoit:
Le Berger que l'Amour tentoit:
Lui prit la la la la la la
Lui prit la la la la la la,
Lui prit la main droite.

Des

Des baisers de son Amant
La belle est éprise,
Et d'un souris tout charmant
Approuva l'entreprise :
Tyrcis veut lui toucher le sein
La Belle repoussa sa main,
Craignant la la la la la la,
Craignant la la la la la la,
Craignant la surprise.

    Ah ! dit-elle en rougissant,
Berger tu n'es pas sage,
Peut être quelque passant
Verroit un badinage ;
Mais sans lui répondre rien,
Le Berger d'un air malin,
Gagna la la la la la la,
Gagna la la la la la la,
Gagna l'avantage.

    L'Amour troubla la raison
De la jeune Bergere ;
Elle tombe en pâmoison,
Le reste est un mystere :
On dit que parmi tant d'appas
Le Berger ne s'endormit pas,
Et qu'il la la la la la la,
Et qu'il la la la la la la,
La rendit moins severe.

    Belle que sert la fierté
Contre un Amant bien tendre ;

Quand

Quand l'Amour de ſon côté,
Combat pour vous ſurprendre,
Vous lui devez le tribut,
Tôt-ou-tard il vient à ſon but,
Ce Dieu là, la la la la la,
Ce Dieu là, la la la la la,
Sçait bien où vous prendre.

Ne differez pas d'un jour
A payer vos dettes,
Vos bijoux ſur le retour
Ne ſeront plus de recette :
Choiſiſſez vous des favoris
Qui faſſent valoir leur prix,
Et dont la la la la la la,
Et dont la la la la la la,
La flâme diſcrette.

Car certains fâcheux eſprits
Vous en feroient un crime,
Des mamans & des maris
Une fille eſt victime,
Quoiqu'en vain ils ſoient jaloux ;
Le plaiſir en devient plus doux
Lorſque la la la la. la la,
Lorſque la la la la la la,
La contrainte anime.

F I N.

*****
*

IMPROMPTU.

Sur l'air : *Quand je tiens de ce jus d'Octobre, &c.*

BOuteille que vous êtes aimable,
Vous ne faites point de jaloux,
Vous ne l'êtes jamais à table,
Et tout le monde l'est de vous.
   Le vin fait faire des merveilles
Soit en guerre, soit en amour,
Quand on a vuidé sa bouteille
L'on n'est jamais demeuré court.

F I N.

CHANSON NOUVELLE,

Sur l'air : *Chantez petit Colin, &c.*

REgnez charmant Amour,
Volez sous ces ombrages,
Regnez charmant Amour,
Venez nous donner de beaux jours ;
Qui vient sur ce rivage
Y trouve un esclavage
Mais il est si doux
Que l'on est jaloux

De

De sentir ses coups.

    Ah ! que d'heureux momens
Promet ce jour tranquille :
Ah ! que d'heureux momens
Fera naître ici le Printems ;
Amans ces bords fertiles,
Vous offrent un sûr azile,
Goûtez les douceurs :
La saison des fleurs
Est celle des cœurs.

    Triomphe Dieu du vin,
Triomphe de mon ame,
Par ton Nectar divin
Fais sortir l'amour de mon sein ;
Contre une ardente flâme
Un bûveur te reclame,
Vainqueur des amours,
Appuy de mes jours
Viens à mon secours.

    Protege les bûveurs
Assûre tes conquêtes
Protege les bûveurs,
Qui ne briguent que tes faveurs ;
Bacchus dans cette fête
N'épargnes pas ma tête,
Mais détruis l'ardeur
Qu'un amour vainqueur
Répand dans mon cœur.

    Amis dans ce festin,

Aidez

Aidez à ma victoire,
Chantez du Dieu du vin
Le pouvoir suprême & divin :
Prenez soin de ma gloire,
Que l'on me verse à boire :
Vaincu par l'amour,
Je dois en ce jour
Le vaincre à mon tour.

F I N.

A U T R E.

Sur l'air : *Colin venant de la Ville.*

JOuons à la briscambille,
A ce jeu que j'aime assez,
Avec vous la jeune fille,
Nuit & jour j'y joüerai,
Je vous briscambille bille,
Je vous briscambillerai.
Le jeu de la briscambille
Jamais ne me déplaira.
Mais vous n'êtes pas bon drille,
Jamais Berger sans cela
Ne me briscambille bille,
Ne me briscambillera.
Quoi pour une briscambille,

Colin

Colin tu me parois las !
C'est se moquer d'une fille
Vas, tu recommenceras :
Tu me briscambille bille,
Tu me briscambilleras.

    A l'aimable briscambille
Je veux jouer nuit & jour,
A ce jeu ma vertu brille :
Heureux qui dans ces beaux jours,
Briscambille bille bille,
Briscambille avec l'amour.

    La charmante & jeune fille
Est de toutes les saisons :
Viens ma Bergere gentille,
Dessus les molets gazons,
Nous nous briscambille bille,
Nous nous briscambillerons.

    Laissons-là la briscambille,
Bergere de ces cantons
Nos Bergers sont de bons drilles,
Vous verrez que sans façon
Ils vous briscambille bille,
Ils vous briscambilleront.

F I N.

***

CHAN-

* * * * * * * * * * * * * * * *

CHANSON NOUVELLE.

AU bord d'un ruisseau je fille,
   j'aime à voir tourner dans l'eau
      mon fuseau ;
Au bord d'un ruisseau je fille
Aux chants des petits oiseaux ;
A mon air enfant & tranquille
Ma mere me croit presqu'imbecille ;
Mais graces aux leçons de Colin
Je sçai plus que filer mon lin.   *bis.*

   Dès que l'Aurore a doré nos guerets,
Je suis aux bois sans attendre ma mere ;
Et pour rester seule dans la forêt
Je garde exprès sa brebis la plus chere ;
Colin le soir m'attend sur la fougere
Et me reçoit d'un souris gracieux
Sa main badine
Toujours mutine,
Sur mon sein toujours chemine,
Ah ! je devine
Ce que veut Colin.   *bis.*

   J'étois dans mon lit tranquille,
Goûtant les plaisirs d'une douce nuit,
J'étois dans mon lit tranquille,
Lorsqu'à ma porte on fit du bruit,
J'entendis une voix debile ;

                     Ouvrez-

Ouvrez-moi je cherche un azile ;
Daignez, Amynthe, jufqu'au jour
Loger chez vous le tendre Amour.　*bis.*

J'ouvre à l'inſtant, le traître tout en eau,
Ses blonds cheveux, ſon carquois, ſon
　　　armure,
Sa torche éteinte & ſon épais bandeau
D'un noir orage a reſſenti l'injure,
Pour vouloir mettre le comble a tout bien,
Jamais l'Amour ne prit tant de meſure,
Sa main traîtreſſe,
Jufqu'au cœur me bleſſe,
Pour me rendre le mal pour un grand
　　　bien,
Diſant, mon-hôteſſe,
Je tire encore bien.　　　　　*bis.*

F I N.

A U T R E.

Sur l'air : *Du Mirliton.*

Viens ça, ma chere Nicole,
　Rien n'eſt ſi charmant que toi,
Approche, que je t'accole,
Hâtons-nous, ſoulage-moi :
J'ai du mirliton, &c.
　Quand nous aurons tête blanche,
Nous ne ferons plus l'amour ;
　　　　　　　　　　Mais

Mais à préfent en revanche,
Bûvons & baifons tour à tour, &c.
    Ma foi tu ferois bien folle
Dé fuivre une autre leçon ;
Crois-moi ma chere Nicole
Faifons l'amour fans façon, &c.
    C'eft trop faire la cruelle ;
Et ma conftance eft à bout ;
Penfes-tu pour être belle ,
Que tu trouveras par tout, &c.
    La fillette fut fragile
Car elle en fit tout autant ,
Et en ceffant d'être fille
Elle dit en foûpirant , &c.
    La fille la plus cruelle,
Si on croit ce qu'on en dit,
Ne fit jamais la rebelle,
Pour peu que l'on lui offrit , &c.

F I N.

CHANSON NOUVELLE,

Sur un Air de Chaffe.

L A beauté fauvage
  Fuit comme le vent,
L'ennuyeux hommage
D'un timide Amant :

Partez

Partez d'abord,
Donnez du cors
Avec audace,
Pourſuivez-la,
Pourſuivez-la
Sans la quitter,
Elle eſt bien-tôt laſſe
De réſiſter.

Quand la fierté vaine
Gagne les forêts,
C'eſt qu'elle eſt certaine
Qu'on la ſuit de près :
Partez d'abord, &c.

D'une ardeur conſtante
Courez la chercher,
Sa fuite plus lente
Vous laiſſe approcher ;
Partez d'abord, &c.

Tout dans la défaite
Lui paroît bien doux,
Quand elle rejette
La faute ſur vous :
Partez d'abord, &c.

Si d'une infidelle
Vous êtes jaloux,
Allez chez la belle
Prevenir le coup :
Partez d'abord, &c.

Si vous êtes alerte

F

Franç

Franchiffez le pas,
Rien ne vous arrête,
Prenez vos ébats :
Partez d'abord, &c.
    Prenez l'affurance
De vôtre Limier,
La perféverance
Pour vôtre courfier,
Partez d'abord, &c.
    La force lui manque,
Elle eft aux abois,
La fierté mourante
Reconnoît vos loix :
Partez d'abord, &c.

F I N.

CHANSON BERGERE.

Sur l'air : *De la contredanfe à la Savoyarde.*

SI jamais Lifette,
Révient prés de moy
Me conter fleurette
Encore une fois ?
Je lui fçaurai dire,
Que l'amour m'infpire
De quitter fes yeux,
Pour vivre plus heureux.

Elle

Elle me fait languir,
Je veux à mon tour
Fruſtres ſon deſir
Par d'autre détour :
Elle me fut tigreſſe,
Et non ma Maîtreſſe,
Je ſerai ſon tiran
Et non pas ſon amant.
   Près de nos fontaines
Quand elle me voyoit
Prendre de la peine,
La belle en rioit,
Je connois ſa ruſe
Non non point d'excuſe,
D'elle je rirai
Et je me mocquerai.
   La jeune Liſette
Derriere un buiſſon,
Dormant ſur l'herbette
Près de ſes moutons,
A ces mots s'éveille
Promettant des merveilles,
Pour calmer Colin
Et lui preſter la main.
   Ingrat, infidelle
Tu reviens encor,
Tu a cru, cruelle,
Me donner la mort ;
Mais ſur toi je chante,

J'ai

J'ai fait d'autre amante,
Fais un autre amant
Pour mieux paſſer le temps.
   Je chante à la gloire
Du Dieu des amans
Puiſqu'il m'a fait croire
Ton cœur inconſtant :
Je t'ai cru ſincere
Beauté trop ſevere,
Va tu, m'as tenu,
Mais j'en ſuis revenu.
   Echos de ces plaines
Tendre oiſeau des bois,
Vous claires fontaines,
Celebrez cent fois,
J'ai quittée Liſette,
Elle eſt trop coquette,
Mais j'ai d'autre cœur
Plus rempli de douceur.
   Quand une Bergere
Se mocque de vous,
Et vous paroît fiere,
Il faut tout d'un coup
L alaiſer ſeulette
Un peu inquiette,
Vous verrez par là
Qu'elle vous aimera.

F I N.

CHAN-

* * * * * * * * * * * * * * * * *

CHANSON NOUVELLE.

Sur l'air : *Je ne sçai par écrire.*

A des Tendrons jeunes & frais,
Cendis, je trace des billets
Autant qu'on le désire ;
Mais pour des creanciers jamais,
Pour ces Messieurs qui font des frais,
Je ne sçai pas écrire.

Quand il faut signer un contrat
Contre lequel l'amour combat,
Nôtre main se retire ;
Mais pour assurer le bonheur
D'un Amant choisi par le cœur,
Ah ! quel plaisir d'écrire.

Pour copier une chanson
Ma main ne fait point de façon,
Ou n'a qu'à me le dire,
Mais pour donner des rendez-vous,
Et répondre à des billets doux,
Je ne sçai pas écrire.

Pour honorer d'un juste encens
Et les vertus & les talens,
Le Dieu des vers m'inspire,
Mais pour tous les vices honteux,
Et tous ces partisans heureux,

F 3

Je

Je ne fçai pas écrire.
    Ah! malpefte foit du papier,
Quand on a le don d'ennuyer,
Et non de faire rire;
Mais pour l'Auteur qui reuffit,
Et que le Parterre applaudit,
Ah! quel plaifir d'ecrire.

F I N.

CHANSON NOUVELLE,

Sur l'air : *Un Berger de nôtre Village.*

LOin du tumulte de la Ville
Je goutois un fort trés-heureux
Rien ne troubloit mon doux azile,
De l'amour j'ignorois les feux ;
Piqué de mon indifference,
Ce Dieu m'a montré fa puiffance.

******
*****

    Je faifois deffus la fougere
Un jour quelques refléxions,
Quand j'apperçois une Bergere,
Qui cherchoit un de fes moutons ;
Je fens auffi-tôt dans mon ame,
Certain feu fecret qui l'enflâme.

Cette

*****

Cette fille miroir des Graces,
M'abord, & d'un ton douloureux
Elle me conte ses disgraces,
Trouve son destin rigoureux :
Pour un peu consoler la Belle,
Je m'offre à chercher avec elle.

*****

Mais tandis qu'elle fond en larmes
Le mouton du côteau descend,
Il fait cesser toutes allarmes,
Le tendron reparoît content ;
Malgré ma priere il me quitte,
Et son troupeau joint au plus vîte.

*****

Il n'est nul Philosophe austere
Qui l'amour ne sçache dompter,
Ma passion pour ma Bergere,
M'engage à ma faire Berger :
Je fais mes adieux à l'étude,
J'abandonne ma solitude.

*****

Je prends pannetiere & houlette,
Et conduis un troupeau nombreux ;
Je vais auprès de la Poulette,

Pousser

Pousser des soûpirs amoureux ;
Lui promettre d'être fidéle,
Si elle ne m'est point rebelle.

*****

Comment ! c'est pour moi, me dit-elle,
Cleon que tu te fais Berger,
Il faudroit être bien cruelle,
Pour ne pas te recompenser ;
De sçavoir comment, l'on desire,
Je l'apprens assez sans rien dire.

F I N.

AUTRE CHANSON.

Sur l'air : *Des Mécontens.*

1.

Lorsque vous aimez une Iris,
Qui ne vous rend que des mépris,
Loin que sa haine vous allarme,
Il faut renoncer à ses charmes,
Pour suivre un autre au même instant,
Eh ! voilà comme l'homme peut-être
content.

2.

Le Sectateur du Dieu Bacchus
Sacrifieroit tout pour son jus.

Cet

Cet homme ne connoît d'Amintes
Que les bouteilles & les pintes;
Qu'il a du plaisir en bûvant,
Eh ! voilà comme l'homme est quelque-
    fois content.

3.

Quand un petit Maître ajusté
Va de sa figure enchanté
Illustrer une promenade,
Si l'on lui jette mainte œillade,
Que son sort lui paroît charmant,
Eh voilà, &c.

4.

Qu'un Galant loyal en amour
Trouve en sa belle du retour,
Loin qu'avec moins d'ardeur il aime
Sa flamme en devient plus extrême,
Son bonheur lui semble bien grand
Eh voilà, &c.

5.

L'auteur leve t'on le rideau,
Craint pour sa piece le tombeau;
Si le Parterre favorable,
Bat des mains, quel bien agreable;
Il rend le calme au patient,
Eh voilà comme l'homme est quelque-
    fois content.

F I N.

          AUTRE

* * * * * * * * * * * *

AUTRE CHANSON.

Sur l'air : *Cela m'est bien dur.*

1.

QUoi, mon Amant est infidéle,
Disoit la triste Agnés un jour,
Lui qui d'une ardeur éternelle,
Se piquoit, m'a joüé ce tour?
Peut-on faire une action si cruelle,
Quand je me rappelle,
Qu'il a mon honneur le plus pur,
Cela m'est bien dur.

2.

Hélas! devois être assez folle,
Pour le croire ce Coridon,
Quand pour arrhes de sa parole
D'une Houlette me fit don :
Peut-on faire, &c.

3.

Encor si la jeune Isabelle
Posſedoit plus que moi d'appas,
Je pardonnerois l'infidéle,
Mais on sçait qu'elle n'en a pas :
Peut-on faire, &c.

4.

C'est donc à sa seule inconstance,

Que

Que je dois ce beau traitement,
Si j'eûs fait plus de refiftance,
Il m'eût aimée plus conftamment :
Mais c'en eft fait, ô ! mémoire cruelle,
Quand je, &c.

5.

Déformais en fait d'amourettes,
Sur qui pourra-t'on fe fier ?
Puifqu'il n'eft plus d'ardeurs parfaites,
Qu'on ne cherche qu'à nous tromper :
Je le vois, il faut être plus cruelle,
Mais je me rappelle,
Qu'il a mon amour le plus pur,
Cela m'eft bien dur.

6.

Oui, fi quelqu'un par avanture,
Venoit à préfent m'en conter,
Il feroit mal reçu, je jure,
Je ne voudrois point l'écouter ;
Mais eft-ce à moi de, faire la cruelle,
Moi qui me rappelle
Qu'il n'eft plus mon honneur fi pur,
Cela m'eft bien dur.

F I N.

***

          CHAN-

* * * * * * * * * * * * * *

CHANSON NOUVELLE,
DE LA PARODIE
D'ALZIRE.

Vaudeville nouveau.

MAman, qui voulez pourvoir
Pillette, qui vous est chere,
Ne la laissez pas trop voir
Avant de finir d'affaire,
En toute chose il est bon
D'user de précaution.

2.

Maris, voulez-vous avoir
Femme nuit & jour fidelle,
Faites bien vôtre devoir,
Et comptez toujours sur elle,
En toute chose, &c.

3.

Galants, qui portez vos feux
Près d'une gentille Actrice,
Dans vos transports amoureux
Prenez garde à la coulisse,
En toute chose, &c.

4.

N'attirez jamais chez vous

Cagots

Cagots à maintien fevere,
Ils font fages devant nous,
Nous abfents, c'eft le contraire :
En toute chofe &c.

5.

Fillettes, qui d'un moineau
Ecoutez le doux ramage,
Ne croyez pas cet oifeau
Toujours propre à mettre en cage,
En toute chofe, &c.

6.

Prude, qui veut en fecret
Faire voyage à Cythere,
Choifit un petit Collet
Pour cet aimable myftere,
En touche chofe, &c.

7.

Beauté, qu'un jeune Plumet
Eblouïr par la dorure,
Apprenez qu'un tel Muguet
Promet fans vouloir conclure,
En toute chofe, &c.

8.

Veuve, qu'un galant pourfuit,
Et dégoute du veuvage,
Son amour fouvent conduit
Dans un fecond efclavage,
En toute chofe, &c.

9.

Pour mieux tirer les écu
D'un Créfus qu'elle envifage
Fanchon par mille refus
Lui paroît fille très-fage,
En toute chofe, &c.

10.

Plus d'un fot veut qu'en ces lieux
Un bon Auteur s'aviliffe,
Pour moi je le trouve heureux,
S'il faut qu'il y reüffiffe,
Sur tout Théatre le bon
A vôtre approbation.

F I N.

CHANSON NOUVELLE.

Sur l'air : *Comme voilà qu'eft fait.*

1.

CLeante moins enflé de graiffe
Que d'un orgueil préfomptueux,
Qui paffe fes jours fans trifteffe,
Et chérit les mets fomptueux,
Fort prudemment nous dit fans douts,
Que fi demain il tomboit mort,
Ses grands biens iroient en déroute,
Tout ce qui reluit n'eft pas or,
Ce n'eft pas or, ce n'eft pas or.

2. Cli-

(135)

2.

Climéne paroît femme sage,
A qui ne voit que son maintien,
Je parle d'un autre langage,
Ce que je dis je le sçai bien,
Climéne n'est qu'une coquette,
Qui malgré tout ce beau dehors,
A plus d'une intrigue secrette,
Tout ce qui, &c.

3.

Licas cet Adonis moderne,
A mon avis est un grand sot,
Qui mérite bien qu'on le berne,
On doit m'entendre à demi mot,
Vous fierez-vous à ses paroles;
Ah! grands Dieux! je plains vôtre sort,
Ce ne sont que discours frivoles,
Tout ce qui, &c.

4.

Ormin, cette sainte n'y touche,
Paroît suivre la sainte loi,
On ne diroit pas qu'il y touche,
Seulement du bout de son doigt,
Trés-souvent toutefois le drille
Chez une belle prend essort,
Le monde de cagots fourmille,
Mais ce qui, &c.

5.

Maintenant n'est chose publique

De

De voir à Paris mille fois
Parez d'un habit magnifique,
Gens qui n'ont pas souvent deux sols,
On les nomme à bon, je pense,
Belle montre & peu de rapport ;
Mocquons-nous donc de l'apparence,
Tout ce qui reluit n'est pas or,
Ce n'est pas or,
Ce n'est pas or.

F I N.

CHANSON NOUVELLE,

A danser en rond.

1.

EN allant à la chasse
En pensant à l'amour,
Je trouvai ma bergere,
Assise auprès d'un houx,
Si je vous prie de m'aimer,
Me refuserez-vous ?

2.

Je trouvai ma bergere
Assise auprès d'un houx,
Tout ce que vos yeux blessent,
Belle, le guérissez-vous ?
Si je vous prie de m'aimer,
Me refuserez-vous ?

3. Tout

3.

Tout ce que vos yeux bleſſent,
Belle, le gueriſſez-vous ?
J'aurois un peu de peine,
Amant, retirez-vous,
Si je vous prie de m'aimer,
Me refuſerez-vous ?

4.

J'aurois un peu de peine,
Amant, retirez-vous,
Allez voir ma voiſine,
Qui meurt d'amour pour vous
Si je vous prie de m'aimer,
Me refuſerez-vous ?

5.

Voici venir ma mere
Qui vient tout en courroux,
Si elle me veut battre,
Ah ! me deffendrez-vous ?
Si je vous prie de m'aimer,
Me refuſerez-vous ?

F I N.

**

CHAN-

* * * * * * * * * * * * *

CHANSON NOUVELLE;

Sur l'air : *Du Menuet d'Isis.*

Mon cher Tyrcis, rends-moi plus
       contente,
Que ton absence me cause de pleurs ;
Tu fuis, ingrat, ta brebis innocente,
Et tu te ris de mes plus grands malheurs.

   Dans l'avenement de ta connoissance,
Si j'avois vû le malheur qui me suit,
J'aurois toujours évité ta présence,
Pour me rendre dans un triste réduit.

   Aime-moi donc, quittes l'indifférence,
Je t'ai payé le dixiéme dénier ;
Dois-tu douter de ma grande constance ?
C'est le moyen de vouloir marchander.

   Lassée enfin de vivre dans l'attente,
Un jour viendra, tu t'en resouviendras,
J'éviterai ton humeur chancelante,
Et j'aimerai celui qui m'aimera.

   En vous aimant l'on n'a que du déboire,
En vous aimant l'on ne sent que des maux
Il vaut bien mieux rire, chanter & boire,
Parmi les pots chercher nôtre repos.

Bacchus

Bacchus difoit pour m'exiter à boire,
Qu'il guériroit mon amour par le vin :
Il m'a trompé, je ne le veux plus croire,
J'ai beau trinquer , je n'en n'aime pas
          moins.
    J'aime le vin, j'adore ma Maîtreffe,
A tous les deux je veux faire ma cour :
Le jour je bois, la nuit je la careffe,
Voilà enfin comme l'on fait l'amour.
    Si nos deux cœurs font donc faits l'un
          pour l'autre,
Jeune Philis, réüniffons-les bien :
D'autre que moi pourroit avoir le vôtre,
Autre que vous n'aura jamais le mien.
    Si vous m'aimiez, mon aimable Cli-
          mene,
Souffririez-vous que deffous ces ormeaux
Tous mes rivaux vous parlent de leurs
          peines,   [maux.
Tous mes Amans vous parlent de leurs.

F I N.

CHANSON A BOIRE.

C'Eft chez vous
    Qu'on voit couler le Nectar le plus
          doux,
                              C'eft

C'eſt chez vous
Que l'on le verſe à grands coups ;
De ce breuvage d'amour
Enyvrons-nous tour à tour ,
Non, ce n'eſt point à la table des Dieux,
Qu'on eſt heureux :
C'eſt chez vous, &c.

    Dans vos yeux,
L'Amour paroît le plus charmant des
      Dieux,
Dans vos yeux,
Il ſemble approuver mes feux ;
Mais ce trompeur dans mon cœur
Ne fait ſentir que rigueur :
Ah ! que n'eſt-il auſſi-doux avec moi,
Lorſque je le vois
Dans vos yeux, &c.

F I N.

CHANSON NOUVELLE,

Sur un Air nouveau.

J'Entends la Tourterelle
  Pouſſer mille ſoûpirs,
Sa compagne fidele
Répond à ſes déſirs,
Ah ! que n'ai-je comme elle   *bis.*
                    D'auſſi

D'auſſi tendres déſirs.

Dans ce ſéjour tranquile,
Oiſeaux charmans & doux,
D'un air tendre & facile
Vous vous enchaînez tous :
Ah ! faut-il qu'Amarille   *bis.*
Soit moins tendre que vous.

Que je vous trouve aimable,
Que vos regards ſont doux,
Soyez-moi favorable,
Mocquons-nous des jaloux,
Ah ! vôtre humeur m'accable,   *bis.*
Je meurs à vos genoux.

Ma Bergere cruelle
Se rit de mes ſoûpirs,
Je veux être fidele,
Je renonce aux plaiſirs :
Ah ! pour m'éloigner d'elle ;   *bis.*
Fuyez tendres déſirs.

La triſte Philomelle ;
Dans ce ſombre ſéjour,
Fait la plainte cruelle
Aux échos d'alentour :
Hélas ! je ſuis comme elle,   *bis.*
Je pleure nuit & jour.

F I N.

CHAN-

* * * * * * * * * * * * *

CHANSON NOUVELLE,

Sur un Air nouveau.

L'Amour, ma belle,
Gardera dans ces vallons
Nos moutons,
Dessous son aîle,
Tandis que nous chanterons,
Il nous appelle,
Viens sous cet ormeau
Loin de mes rivaux
Ecouter mes maux,
Tu seras peut-être moins cruelle,
L'Amour ma belle, &c.
   Tyrcis, je n'ose
Ecouter ton chalumeau
Sous l'ormeau :
Et l'on en cause
Déja dans tout le hameau
Un cœur s'expose
Souvent au danger,
De trop s'engager
Avec un Berger :
Et toujours l'épine est sous la rose,
Tyrcis, je n'ose, &c.
   Que sert de craindre

Un

Un discret, en tendre amour
Sans détour,
Que sert de feindre
Pour mes feux un doux retour,
C'est trop contraindre
Ton ardeur pour moi,
Mon amour pour toi,
Ce beau feu paroît enfin s'éteindre:
Que sert de craindre, &c.
    Il faut se rendre,
Mon Berger, à des accens
Si touchans :
Viens donc apprendre
Ce que pour toi je ressens ;
J'ai le cœur tendre,
Fidele & constant,
Si tu l'es autant,
Tu seras content,
Tu n'auras rien perdu pour attendre :
Il faut se rendre, &c.

FIN.

CHANSON NOUVELLE,

Sur l'air : *J'ai trouvé malgré l'Amour une Maîtresse à ma mode.*

UN jour m'allant promener
Dessus la verte fougere,
A dessein d'y rencontrer

Une

Une agréable Bergere,
Aussi-tôt l'éclat de ses yeux
Enflâma mon cœur de ses feux,
L'Amour ce petit drole,
Dès qu'il m'eût-blessé s'envole.

J'approchaï l'aimable objet
D'une agréable surprise,
Et je formai le projet
De lui dire avec franchise,
Que soudain la plus vive ardeur
S'étoit emparée de mon cœur:
L'Amour, ce pitit drôle,
Dès qu'il m'eut blessé s'envole.

En commençant mon propos,
La belle d'un air farouche
Voulut me tourner le dos
Pour mieux me fermer la bouche:
Cela ne me rebuta pas,
Et je la suivis pas à pas:
L'Amour ce petit drôle,
Dès qu'il m'eut blessé s'envole.

Auprès d'un charmant ruisseau
Mon inhumaine s'arrête,
S'assit dessous un ormeau,
Et d'une façon discrette,
Me dit, *Monsieur*, que cherchez-vous?
Il n'y a rien ici pour vous:
L'Amour ce petit drôle,
Ne tient point ici d'Ecole.

L'Amour

L'Amour qui regne en ce lieu
A pour objet la sagesse,
Si vous cherchez d'être heureux,
Adorez cette Déesse,
Rendez-lui hommage en ce jour,
Et venez lui faire la Cour :
L'Amour ce petit drôle
N'a point ici d'autre Ecole.

Pénétré de la leçon
Que me fit cette Bergere,
Je sentis que ma raison
La loüoit d'être sévere,
Elle imprima dedans mon cœur
Respect, estime & la terreur,
Qu'Amour ce petit drôle
Bannit loin de son Ecole.

Je lui demandai pardon
D'avoir été témeraire,
Et lui promis à sa façon
Une obéissance entiere,
Je t'accorde, dit-elle, à ce prix,
Les sentimens les plus permis,
Qu'Amour ce petit drôle,
Enseigne dans son Ecole.

F I N.

[**]

G   CHAN-

* * * * * * * * * * * * * *

CHANSON NOUVELLE.

De l'impromptu de la Folie.

DAns tous les differens états,
  Que l'on rencontre d'embarras,
Quand à tout le monde on veut plaire,
Depuis le matin jusqu'au soir,
L'un le veut blanc & l'autre noir,
    Comment faire ?

  L'Amant qu'on voit soir & matin,
Devient ennuyeux à la fin ;
Il faut être rare pour plaire :
S'éloigne-t'il ? on prend l'essort,
Les absens ont toujours le tort :
    Comment faire ?

  Maris, si vous êtes jaloux,
Retenez vos femmes chez vous,
Elles vous trompent d'ordinaire,
Si par douceur vous les prenez,
Elles vous menent par le nez :
    Comment faire ?

  Si vous prenez fille à quinze ans,
Elle n'aura pas les sentimens
Qu'il faut dans l'amoureux myflere ;
Si vous attendez plus long-tems,
Un autre aura pris le devant :
    Comment faire ?

Si

Si vôtre Femme a peu d'appas,
On ne vous la ravira pas,
Ma foi elle ne vous plaira guere;
Pour peu qu'elle ait de quoi tenter,
Vos voisins en voudront tâter :
  Comment faire ?

Si vous ne vous mariez pas,
Vos biens après vôtre trépas
Passeront dans mains étrangeres ;
Mais si vous devenez époux,
Vos enfans seront-ils de vous :
  Comment faire ?

Pour réussir dans les amours ;
L'argent est d'un puissant secours,
Qui n'en a point n avance guere,
Mais souvent l'Amant financier
Est traité comme un créancier :
  Comment faire ?

Les jeunes filles de mon tems
S'armoient de griffes & de dents,
Ma foi ils n'en attrapoient guere ;
Elles sont douces à present,
Mais moi j'ai quatre-vingt-un an :
  Comment faire ?

Un galand d'un âge un peu mûr,
M'est choisi pour époux futur,
Mon enfance fait qu'il differe :
Si je suis trop jeune à present,
Il sera trop vieux s'il attend :

    Com-

Comment faire ?
Le comique écrit noblement,
Fait bailler ordinairement,
A tout le monde il ne peut plaire :
Le plaisant passe pour bouffon,
On y rit sans le trouver bon :
  Comment faire ?
Si nous voulons parler François,
Nous nous trompons à chaque fois,
Faute de sçavoir la grammaire ;
Si nous parlons Italien,
Les trois quarts n'y comprennent rien :
  Comment faire ?

F I N.

CHANSON NOUVELLE,

Sur un Air nouveau.

JE ne veux plus marcher de jour,
Soleil, ta clarté m'importune ;
Eclairé du flambeau d'amour,
Je ne vais qu'à la brune.
 Je ressemble à tous ces filoux,
Qui cherchent à tâtons a fortune ;
Et quand je fais quelques bon coups,
Je les fais à la brune.
 L'Amour est enfin mon vainqueur

Je mets à ses pieds ma fortune ;
Et si j'ai quelque doux bonheur,
C'est toujours à la brune.

F I N.

A U T R E.

Deux Papillons amoureux
  D'une fleur naissante & nouvelle,
Voloient oient, oient, oient, oient,
Sans cesse autour d'elle,
Le plus aimable des deux
Fut ravi d'une fleur si belle ,
Tandis que l'autre malheureux
Vint se brûler à la chandelle.   *ter.*

F I N.

CHANSON NOUVELLE,

Sur un Air nouveau.

La raison n'est plus dans sa saison,
  Sans l'argent rien n'est bon ,
L'esprit n'est que chanson,
Sans argent, il n'est plus d'agrément,
Aux plus honnêtes gens
Il leur faut du comptant.

G 3

Sans

Sans argent, j'ai ici l'agrément
Avec d'honnêtes gens
D'être toujours content :
Ma raison dans la belle saison
Lorsque mon vin est bon,
S'amuse à des chansons.

Dans un lieu qui charmeroit les Dieux,
Sans être ambitieux,
Je vis en bienheureux,
Mon caveau rempli de vin nouveau,
Le fruit de mes travaux,
Tu seras mon tombeau.

Pour Bacchus, je veux quitter Venus,
Tous les soins superflus
Ne me toucheront plus,
Quel plaisir, de suivre nos desirs
Sans pousser de soûpirs,
Pour vivre à l'avenir.

Qu'un sçavant pousse à bout les talens,
Et cherche à tout moment
De nouveaux argumens,
Pour le vin je donne tous mes soins,
Ce talant est divin,
Et me coûte bien moins.

Qu'à la Cour chacun aille à son tour
Y briguer chaque jour
Des faveurs sans retour ;
Plus content que ne font tous ces gens,
Sans peine, ni tourment

Je

Je passe ici mes ans.
   Qu'un Soldat, malgré son embarras,
Ne songe qu'à l'éclat
Que fera le combat ;
Le desir de vivre à l'avenir
A pour lui des plaisirs
Qui me feroient mourir.
   Qu'un souffleur fasse tout son bonheur
Du chimérique honneur
Du fruit de ses labeurs,
Dans mes champs
Lorsqu'il fait du beau tems,
J'ai le plaisir charmant
D'aller prendre du vent.
   J'ai du moins le plaisir souverrain,
Cultivant mon raisin
D'en goûter le bon vin,
Dans son jus que mon individu,
Lorsque j'aurai bien bû,
Y trouve de vertu.
   Que Philis à qui je fais ma cour
Se fâche sans retour,
Je m'en mocque à mon tour,
Le bon vin dissipe ce chagrin,
Et le mauvais destin
Contre lui ne peut rien.

F I N.

CHAN--

* * * * * * * * * * * * * * * * *

CHANSON NOUVELLE,

Sur l'Aair : *Verse, verse du vin & souvent.*

TAndis que l'on songe à la guerre,
  Moi, je ne pense qu'à Bacchus,
Lorsque j'aurai pris de son jus,
Je mettrai l'ennemi par terre ;
Verse, verse, verse du vin & souvent,
Mes chers amis vivons contens.

  A quoi nous sert que la memoire
D'un Guerrier qui n'existe plus,
Sans cesse nous soit rebatus
Dans la Fable ou de dans l'Histoire,
Verse, verse, verse du vin & souvent,
Mes chers amis vivons contens.

  Voyez le compere Gregoire,
Quand il est seul dans son caveau,
Le cul assis sur un traiteau,
Ne chante-t-on pas à sa gloire ?
Verse, verse, verse du vin & souvent,
Mes chers amis vivons contens.

  La gloire coûte trop de peine,
Quand on l'achete par des coups,
Il faut hurler avec les loups,
Toupe pour boire à perdre haleine,
Ver-

Verſe, verſe, verſe du vin & ſouvent,
Mes chers amis vivons contens.

    Caſſons les bouteilles & les verres,
Renverſons les pintes & les pots,
A boire ſoyons des Heros,
Voilà l'image de la guerre,
Verſe, verſe, verſe du vin & ſouvent,
Mes chers amis vivons contens.

    Au moins pour prix de nos conquêtes,
Bacchus nous donne de bon vin
Sans beaucoup de peine & de ſoins,
Il entherine nos requêtes,
Verſe, verſe, verſe du vin & ſouvent,
Mes chers amis vivons contens.

    Si ce Dieu veut faire là Guerre,
Je ſerai un grand Commendant,
Je boirai bien à tout moment,
Sans craindre du feu le tonnerre,
Verſe, verſe, verſe du vin & ſouvent,
Mes chers amis vivons contens.

F I N.

***

G 5

* * * * * * * * * * * *

CHANSON NOUVELLE.

Sur l'Air : *De quoi vous plaignez vous,*
belle Iris, quand on vous aime.

IL y a déja huit jours
Que je soupire, Bergere,
Il y a déja huit jours
Que je te fais ma cour,
Ainsi beauté rudanniere,
Réponds donc à mon amour,
Ou je parts pour la guerre,
Pour y finir mes jours.

   Vas, tu perdras en moi
Le Berger le plus fidele,
Vas, tu perdras en moi
Les sentimens d'un Roy ;
Songes, tout de bon, la belle,
Je te donne encore un mois,
Si tu fais la rebelle,
Je partirai ma foi.

   A Mars & à Bacchus
J'irai offrir mes services,
A Mars & à Bacchus
Comme un amant confus,
Dans tous ces beaux sacrifices

Je leur ferai voir l'abus,
Et toute l'artifice
Du beau fils de Venus.
    Ce malin petit Dieu,
Pour surprendre ma tendreffe,
Ce malin petit Dieu
Se cachoit dans tes yeux ;
Me promettant des careffes
Dont je vois le de faveux,
Et ce font ces promeffes
Qui m'ont fait malheureux.
    De ce difcours trompeur,
Je fentois brûler mon ame,
Sur ce difcours trompeur
Je fondois mon ardeur,
Vois, dit-il, qu'elle a de charmes,
Si tu peux toucher fon cœur,
Je promets à ta flâme
Le plus grand des bonheurs.
    Pour prix de tous mes foins
Et de ces belles promeffes,
Pour prix de tous mes foins
J'éprouve les deftins,
Et lorfque je te carreffe,
Tu me traites comme un chien,
Adieu, belle tygreffe,
Vous ne ferez plus rien.

F I N.

G 6   CHAN-

* * * * * * * * * * * * *

CHANSON NOUVELLE,

Sur l'air : *Un Nouvelliste politique qui tient boutique en la Cour du Palais.*

SUivons tous le Dieu de la guerre ;
Celui du vin ira toujours son train,
Mais je plains celui des Bergeres,
Il va languir dans la celeste cour,
Mais en courroux
Ranime le courage
Faisant par - tout trapage
Chacun sous son joug
Fait ses plaisirs les plus doux
D'éprouver ses coups.
   La discorde pleine rage
Triomphe enfin & va avoir son tour,
Depuis long-tems dans l'esclavage
La paix l'avoit exilé de sa cour,
Mais dans ce jour
Piqué de cet outrage,
D'horreur & de carnage
Reprenant son cours,
Elle trouble dans ce séjour
La paix & l'amour.
   Depuis long-tems dans le silence
Ce Dieu gardoit le *tacet* en repos

Pour

Pour donner le tems à la France
De remplacer tous les anciens Héros,
Quand Mars a vû qu'au fortir de l'enfance,
Avant l'adolefcence,
Il parloit d'affauts,
Il formà dans fon cerveau
Des projets nouveaux.

Pour moi que la Philofophie
A renfermé dans le vouloir du fort,
Je ne crains rien de fes furies,
Je le verrai faire tous fes efforts,
Soit dans un camp que je perde la vie,
Ou d'une létargie,
Qu'importe à mon corps,
Que l'on ait raifon ou tort,
Quand je ferai mort.

Si par un fentiment de gloire,
Dans l'avenir nous voulons quelque hon‐
            neur,
Et dans le temple de mémoire
Marquer nos noms au titre de valeur,
Sans nous former fur la vieille hiftoire,
La plus belle victoire,
Et le plus grand honneur,
Eft d'avoir toujours un cœur
Rempli de crandeur.

Pour trouver la vie agréable,
Il faut fonger qu'on ne vi déja plus,
Que ce monde n'eft qu'une fable,

G 7

Dont

Dont la morale en prouve tout l'abus,
S'imaginer lorfque l'on eft à table,
Que les mets délectables
Qui nous ont repus,
Ainfi qu'ils ont difparu,
Que nous ne ferons plus.

F I N.

CHANSON NOUVELLE.

Sur l'air : *De Partez d'abord.*

J'Entre dans là danfe
En habit de Pierrot,
Mon air d'importance
La figure d'un fot,
Charmant tendron,　　　*bis.*
Mon encolure
Mérite bien　　　*bis.*
Vôtre regard,
Deffous ma figure
Je fuis bon gaillard.
　　Fillette qui paffe
L'âge de quinze ans,
Sans que l'on lui faffe
Prefent d'un Amant,
Elle en choifit　　　*bis.*
Un à fa guife

Qui

Qui lui prend fon   *bis.*
Cœur en entier,
Si-tôt qu'elle eft prife,
Heureux le Berger.
    Pour que la conftance
Se trouve en aimant,
Par la réfiftance
Tenez un amant,
Car quand il a   *bis.*
La joüiffance,
Adieu panier   *bis.*
Tout eft baclé,
Plus de complaifance
Adieu l'amitié.
    Aimable inhumaine,
Quand veux-tu ceffer
De rendre ma chaîne
Si dure à porter,
Tandis qu'un cœur
Brûlant d'ardeur
Toujours foûpire,
De te jurer,
De t'adorer
Jufqu'au trépas,
A tant de tendreffe
Tu ne réponds pas.

F I N.

CHAN-

* * * * * * * * * * * * *

CHANSON NOUVELLE,

Sur l'air : *Des Pendus.*

APprochez-vous jeunes & vieux,
Voyez venir le tems heureux
Où Louis par trop débonnaire
Vous annonce à la fin la guerre
Ce n'eft pas par ambition,
Mais par belle & bonne raifon.

Ce Prince content de fon fort,
S'amufoit à caufer la mort
De quelque bête carnaciere,
Quand le Dieu Mars plein de colere,
Jaloux de le voir en repos
Vient taoubler ce jeune Heros.

Le Roi digne de fes Ayeux,
Pour le moins auffi courageux,
Dit, voici bien une autre chaffe,
Et puifque l'ennemi m'agace,
Qu'il penfe me mettre en dèfaut,
François, crions fur eux tayaut.

Tayaut, tayaut, les bons Françez
Déja ennuyez de la paix,
Seront charmez dans cette guerre
D'aller briller dans la carriere,
Villars tracera le chemin
Conduit par fon heureux deftin.

La

La gloire de suivre ses pas
Aura pour nous assez d'appas,
Et dans le Temple de mémoire
Nos noms remplirons les histoires
De nos travaux & de nos soins,
Quand nous aurons passé le Rhin.

    Courage donc les bons Françez,
Suivez le Roy dans ses projets,
Suivez Mars & suivez Bellonne
Qui vous préparent des couronnes,
Ce Prince dessous ses drapeaux
Doit former cent mille Héros.

    Voyez Villars malgré les ans,
Combien il a l'air conquerant,
La jeunesse à nôtre priere,
Depuis que l'on parle de guerre,
R'anime dans ce General
Le sang & le ton martial.

    La Renommée de toute part
Déploye tous ses étendars,
Et se prépare à nous instruire
De tout ce que l'on pourra dire
Dessous ce regne glorieux,
Qui doit être des plus heureux.

F I N.

VAU-

* * * * * * * * * *

VAUDEVILLE

De la Comedie Italienne.

Quand de l'Amant qui la talonne
Une aimable personne,
Rebute trop l'empressement,
Pour lui c'est un fâcheux moment,
Mais quand avec douceur
Elle répond à son ardeur,
Qu'une tendre langueur
Vient fixer son bonheur,
L'occasion est bonne.

Ma Mere avec rigueur m'ordonne
Quand elle me sermonne,
De ne point voir mon jeune amant
Pour moy c'est un fâcheux moment;
Mais on l'atrapera,
Et pendant qu'elle dormira
Mon Amant veillera,
Et dans ce moment là
L'occasion est bonne.

Un vieillard qu'Amour aiguillonne
Si l'argent ne foisonne,
Espere toujours vainement.
De trouver un heureux moment,

Mais

Mais quand pour être heureux
Auprès de l'Objet de ses vœux,
Il paroît amoureux,
Bien moins que génereux,
L'occasion est bonne.

Quoi qu'avec art Manon-fredonne,
Jusqu'à présent personne,
Ne s'est déclaré son amant
Pour meubler son appartement,
Son malheur cessera,
Son merite la produira,
Elle est à l'Opera,
Et dans ce pays là,
L'occasion est bonne.

A chaque piece qu'on nous donne,
Nôtre troupe frissone,
Nous craignons vôtre jugement,
Pour nous c'est un fâcheux moment ;
Mais quand le Spectateur
Judicieux & connoisseur,
Applaudit à l'Acteur,
Quel plaisir-pour l'Auteur,
L'occasion est bonne.

F I N.

**
*

CHAN-

* * * * * * * * *

CHANSON NOUVELLE,

LE Berger que j'aime,
Autant que moi-même
M'a donné la foi,
Faut-il que d'un pere,
La loi la plus severe
L'éloigne de moi.

Là bas dans la plaine
J'apperçus Climene
Au bord d'un ruisseau,
Je m'approchai d'elle,
Et lui dis à l'oreille
Soulage mes maux.

Ne crains point mon Ange,
Que jamais je change
D'esprit & d'humeur,
Je brise ma chaîne,
Et je té fais la Reine,
De mon tendre cœur.

Ah combien de charmes
Et combien d'allarmes,
Traversent nos jours,
Je crains que l'on ne trompe,
Je crains que l'on ne rompe,
Je tremble toujours.

FIN.

CHAN-

* * * * * * * * * *

CHANSON NOUVELLE;

Sur l'air : *De l'aimable Vainqueur.*

QUelle joye à Paris,
Tout y chante & rit,
Ah ! qu'elle allegreſſe
Pour nôtre Princeſſe
Compagne de Louis,
Joye infinie,
Dieu donne à Marie,
Un beau petit Fils,
Pour finir le cours
De nôtre eſclavage,
Ah ! quel avantage
François en ce jour ;
Dieu ſouverain
Nous donne un Dauphin ;
Marquons nôtre zele,
Soyons lui fidéle
Dans tous ſes deſſeins,
Vive Bourbon,
Nos cœurs vous appellent
Pleins d'affeƈtions.
    Goûtons dans nos cœurs,
Des joye & doucèurs,
Banniſſons nos larmes,

Tout

Tout eſt plein de charmes,
Ah! quelle faveur,
Dieu le conſerve,
Conduiſe & preſerve
D'étrange malheur,
Nous verrons en lui
La joye la ſageſſe,
Crions tous ſans ceſſe
Vive nôtre appuî,
Vive Bourbon
Beau petit poupon,
Nos cœurs très-fideles
Sans fin vous appellent
Beau petit mignon,
Le Roy des Cieux,
Voyant nôtre zele,
Seconde nos vœux.

    Par tout l'Univers,
Rempliſſons les airs,
Chantons à ſa gloire,
Ventons ſa mémoire,
Par des chants divers,
Sa renommée
Doit étre éclatée,
Et miſe en nos vers,
D'un cœur plein de foy,
En réjouiſſance,
Chantons la puiſſance
De nôtre grand Roy,

Vive

Vive Bourbon,
Louis quinze du nom :
Que Dieu nous maintienne
Marie nôtre Reine,
Toute leur maison,
Chantons ici,
A perte d'haleine,
Sans aucun souci.

    Trompettes & haut-bois
Secondez nos voix,
Nous faut sans attendre,
Nos devoirs leur rendre,
D'un cœur plein de joye,
C'a qu'on s'apprête,
Celebrons la fête,
Qui fait tous nos souhaits,
Au grand Roy dés Cieux,
D'un cœur très-sincere,
Faisons des prieres,
Offrons lui des vœux,
Pere Eternel,
Créateur du Ciel,
Nous avons un Prince
Dans nôtre Province,
Sauveur immortel
Qui comble nos vœux,
Conservez le Prince,
Et nous serons heureux.
    Vive grand Bourbon,

Prin-

Prince de renom,
Nos cœurs vous aspirent,
Dans ce grand empire,
Digne rejetton ;
Et nôtre Reine,
Nous donne sans peine
Ce petit poupon,
Nous tendrons les bras
A la Providence,
La Reine de France,
Seconde nos pas,
Donnant la paix,
Aux peuples François,
De le voir paroître :
Puisqu'il vient de naître,
Heureux de cette foi
Que nous vous voyions
La famille croître,
Du sang des Bourbons.

F I N.

CHANSON NOUVELLE.

P Eut-on voir vos yeux
  Sans être amoureux
Therese,

Peut-

Peut-on voir vos yeux
Sans être amoureux,
Ils font doux & pleins de feux,
Ils font accouplez des mieux,
Peut-on voir voir vos yeux,
Therefe,
Sans être amoureux.

    Profitez du tems
De vos jeunes ans
Therefe,
Profitez du tems
De vos jeunes ans,
Ils font doux & font charmans
Ils charment tous vos amans,
Profitez du tems
Therefe,
De vos jeunes ans.

    De vos deux amans
Que vous aimez tant
Therefe,
De vos deux amans
Que vous aimez tant,
Il en faut prendre un des deux,
Et à l'autre dire adieu,
Car tant de rivaux
Therefe,
N'en valent pas mieux.

F I N.

H   CHAN-

* * * * * * * * * * * * *

CHANSON NOUVELLE,

QUand une beauté
Cesse d'être inhumaine,
Vers la fidelité
Mon cœur est bien-tôt porté,
En formant une nouvelle chaîne,
Nouveaux désirs,
Nouveaux plaisirs,
Sans nuls soupirs.

A vôtre froideur
J'ai trouvé un remede,
Connoissans mon erreur,
J'ay dégagé mon cœur,
J'ay forgé une nouvelle chaîne :
Nouveaux désirs,
Nouveaux plaisirs,
Sans nuls soupirs.

Serez-vous toûjours
Insensible à ma peine,
Repondez donc ma Reine,
En cet heureux moment,
Tous mes vœux sont de porter vos chaînes,
Nouveaux désirs,
Nouveaux plaisirs,
Sans nul soupirs.
Aimable Cloris .

Cesse

Cesse d'être inhumaine,
Tu auras un amant,
Fidel, amoureux, constant,
En formant une nouvelle chaîne,
Nouveaux désirs,
Nouveaux plaisirs,
Sans nuls soupirs.

FIN.

VAUDEVILLE.

Tendre & à boire.

LA Belle qui m'enchante,
A des yeux trompeurs;
Lorsqu'elle me tourmente,
Ils sont pleins de douceur.
　Guidé par ma tendresse,
Je m'en fus l'autre jour,
Pour flechir la tigresse
Qui cause mon amour.
　Je la trouvaî seulette,
Comme elle s'habilloit,
Venus à sa Toilette,
Jamais tant ne brilloit.
　De la divine gorge,

H 2

J'ap—

J'apperçûs les attraits,
Sur elle l'Amour forge,
D'invitables traits.

    Cet inſtant favorable,
Me coûte cherement,
Iris plus intraitable,
Augmente mon tourment.

    Iris par mille charmes,
Vous ſçavez m'enflamer,
Rendez auſſi les armes,
Au Dieu qui fait aimer.

    Que ſert de ſe deffendre,
Contre ſon doux pouvoir,
A l'amant le plus tendre,
Loiſſez au moins l'eſpoir,

    Quand l'Amour me déſole,
Je cours à mon caveau :
Bien-tôt je me conſole,
Auprès de mon tonneau.

    Au fond de ma bouteille,
J'enferme Cupidon,
Dans le jus de la treille,
J'étouffe ſon tiſon.

    Nargue au Dieu de Cythere,
S'il n'a que des ſoupirs :
Sans ceſſe dans mon verre,
Je trouve des plaiſirs.

    Point d'amoureuſe envie,
Qui trouble le repos :

Les

Les foins de cette vie,
Sont de bannir les maux.
    Que le vin de Bourgogne,
Fait honneur à Bacchus :
Je veux rougir ma trogne,
De cet excellent jus.
    Pour moi j'aime mieux boire,
D'un Champagne fumeux :
Il n'offre à ma mémoire,
Que des ris & des jeux.
    Tous deux font delectables,
Tous deux ont des attraits :
Qu'ils coulent fur nos tables,
Buvons-en à longs traits.

F I N.

CHANSON NOUVELLE,

De la Comédie Italienne.

Faut-il dans le fiécle où nous fommes
Faire autrement que tous les hommes,
Bon bon bon, je t'en réponds,
Nous picquerons-nous de juftice
Pour répondre à leurs artifices,
Zon zon zon zon,
Ah ah voyez donc,
Un peu de tricherie

H 3

Dans

Dans la vie,
Eſt toujours de ſaiſon.

Ma mere m'a dit qu'a mon âge,
Elle étoit cruelle & ſauvage,
Bon bon bon, je t'en réponds,
C'eſt un vieux dicton de famille,
Dont je pourrois bercer ma fille,
Zon zon zon zon,
Ah ah voyez donc,
Un peu de tricherie
Dans la vie
Eſt toujours de ſaiſon.

Un Amant pour tromper ſa Belle
Jure d'être toujours fidele,
Bon bon bon, je t'en réponds,
Elle qui viſe au mariage,
La dupe feignant d'être ſage,
Zon zon zon zon,
Ah ah voyez donc,
Un peu de tricherie,
Dans la vie,
Eſt toujours de ſaiſon.

Un jeune blondin me talonne :
Mais malgré l'amour qu'il me donne,
Bon bon bon, je t'en réponds,
N'aurai-je pas aſſez d'adreſſe,
Pour vanger un jour ma tendreſſe,
Zon zon zon zon,
Ah ah voyez donc,

Un

Un peu tricherie,
Dans la vie,
Est toujours de saison.
    Un marchand qui me fait avance
Me la fait-il en conscience,
Bon bon bon, je t'en réponds,
Suis-je assez folle après l'emplette,
Pour lui payer recta ses dettes,
Zon zon zon zon,
Ah ah voyez donc,
Un peu de tricherie
Dans la vie,
Est toujours de saison.
    L'époux qu'un autre objet enflâme,
Soûpire aux genoux de sa femme,
Bon bon bon, je t'en réponds,
Elle qu'un autre Amant console,
Soûpire & contrefait la folle,
Zon zon zon zon,
Ah ah, voyez donc,
Un peu de tricherie
Dans la vie,
Est toujours de saison.

F I N.

**
*

H 4   CHAN-

* * * * * * * * * *

CHANSON NOUVELLE,

Sur l'air : *De Pirame & Thisbé.*

DEpuis long-tems
Belle inhumaine,
Je vis dans la peine
Et dans les tourmens,
A vos charmes,
Je rends les armes,
J'aime vos beaux yeux
Et je soupire pour eux.

Ah ! croyez moi,
Jeune Bergere,
Soyez moins severe,
Recevez ma foi,
C'est le gage
De mon hommage,
Et dans ce beau jour,
Ecoutez le tendre amour.

Cedez, cedez
A ma tendresse,
Elle vous en presse,
Nannette cedez ;
Pour se rendre,
Qui veut attendre
En perd tout le fruit,

Le

Le Printems s'enfuit.
  Il faut aimer,
Chere Nannette,
Sans être coquette
L'on peut bien aimer,
N'eſt pas ſage
Dans le bel âge,
Qui croit tout charmer,
Et ne veut jamais aimer.

F I N.

M O S E T T E.

Deſtin jaloux,
A d'autres que nous
Montre tes caprices,
Mon Iris n'aime que moi,
Helas ma foi, nous nous mocquons de
            toi !   *bis.*
Quand tes rigueurs
Priveroient nos cœurs
De certains délices,
Toujours plus amoureux
Tôt-ou tard nous ſerions heureux.
   Sombres Epoux,
Que peuvent vos coups
Contre la tendreſſe?

            L'Amour

L'Amour qui nous rend contens
Sçait aux Amans menager les inftants,
Dans nôtre fort
Toujours au plus fort
Ce Dieu s'intereffe,
Plus on deffend d'aimer,
Plus on 'impreffe à s'enflâmer.
   Quel fort charmant !
Je touche au moment
De baifer Nannette,
Tous mes vœux feront comblez
Contentement , plaifir, volez, volez ;
Loin de fes yeux
Tout m'eft ennuyeux
Et tout m'inquiette,
On ne peut être gourds,
Quand on eft près de fes Amours.

F I N.

CHANSON NOUVELLE,

Sur l'air : *La jeuneffe fait bien de rifquer.*

LE jeune âge
Nous paroît heureux ;
Mais lorfque le veuvage
Se montre à nos yeux,
L'on foupire,

L'on

L'on fait des clameurs;
L'on souffre le martire
Sans un jeune cœur;
On s'ennuye,
C'est une folie,
Réjouissons-nous,
Rien n'est si doux.
    Ma Maîtresse,
Qui n'a que rigueur,
Je veux dans sa jeunesse
Attendrir son cœur,
Mon adresse
Brisera ses nœuds,
Je veux aimer sans cesse,
Ce petit Dieu,
Plus rebelle,
Je serai fidelle,
Etant amoureux
L'on devient heureux.
    Sur la plaine
Un jour t'attendis
La charmante Climene,
Qui me réjouit:
Sa clemence,
Son air gracieux
Flattent mon esperance
D'un sort plus heureux,
Sans attendre,
Tout cœur doit se rendre,

H 6

Faire

Faire le bonheur
De son Vainqueur.
   Jeune fille
Ah que je vous plains,
Soyez toujours docile,
A vôtre Colin,
Prenez garde
Quand il vous en vient,
Mettez-vous sur vos gardes,
Tenez-le bien,
Par tendresse
Faites-lui caresse,
Afin d'en avoir,
C'est vôtre devoir.
   Priez Belle
Le Dieu Cupidon
Pour avoir un fidele
Dans vôtre saison,
L'amour change,
Profitez d'un cœur,
Chantez-lui des louanges
Avec ardeur,
D'un cœur tendre
Il se fera prendre,
Seul se jettera
Entre vos bras.
   Beauté fiere
Aimez un amant,
Ne soyez point severe.

Dans

Dans vos jeunes ans,
La jeuneſſe,
Doit aimer ſans ceſſe,
Et chaſſer la triſteſſe
D'auprès de ſoy,
La vieilleſſe
Que rien n'intereſſe,
N'a point de beaux jours
Dans les amours.

F I N.

CHANSON NOUVELLE,

AUtrefois dans les bois
J'allois ſeulette quelquefois,
Non chalamnent
J'y rêvois ſouvent
En chantant :
Un ſoir bien tard,
J'étois à l'écart
Par hazard,
Dans ce moment
Survint non Amant,
Mais Maman,
Qui s'en douta,
M'appella
Sans cela,

H 7

Le

Le Fripon
Du gazon,
Alloit saisir l'occasion.
    Tour à tour en ce jour
Suivons Bacchus, suivons l'Amour,
Que risquons-nous?
Ius à ces coups livrons-nous,
En vain Bacchus
Ne charmera plus
Par son jus,
Mille plaisirs
Suivront nos desirs
Sans soupirs,
Aimer sans fin,
Boire tout plein,
Quel destin
Non les Dieux
Dan les Cieux
N'ont rien de plus délicieux.

F I N.

CHANSON NOUVELLE,

Sur l'air : *Badinez, ez, ez, ez, ez.*

TYrcis dans l'ardeur qui vous presse
    N'abusez point de ma foiblesse,
Entendez raison sur cela,

Ba-

Badinez, ez, ez, ez, ez, ez, ez, ez,
Badinez, mais reſtez en là
   Je ne ſuis point aſſez farouche
Pour refuſer à vôtre bouche
Tant de baiſers qu'il vous plaira,
Badinez, &c.
   Ah! vôtre main eſt trop alierte,
Je ſens qu'elle me déconcerte,
Faut-il toujours vous dire hola?
Badinez, &c.
   Ce fut à ces mots que Liſette
Etant avec Tyrcis ſeulete,
En ſe deffendant s'écria,
Badinez, &c.
   En la jettant deſſus l'herbet,
Le Berger la rendit muette,
Et de lui dire elle oublia,
Badinez, &c.
   L'Echo qui ne ſçauroit rien taire,
Pour ſe mocquer de la Bergere
Plus de cent fois lui repeta,
Badinez, ez, ez, ez, ez, ez, ez, ez,
Badinez, mais reſtez en là.

F I N.

[**]

M E.

* * * * * * * * * * * *

MENUET NOUVEAU.

Quel plaisir sur les champs
  Les Bergers
Sont sous l'ormeau,
Du chalumeau
Jettint des airs nouveaux,
Que les plaisirs sont doux
Etant loin des jaloux.
     Colin de son hautbois
Nanette de sa voix,
Assise auprès d'un bois,
Font un doux concert
De leur beaux chants divers,
Dessous les arbres verds
Goûtant à loisir
Dans ces doux transports
Dix mil plaisirs.
Tircis avec Catin
Sur l'herbette,
Dansant tous deux
D'un cœur joyeux :
Ah ! qu'il est gracieux
De voir deux tendres cœurs,
S'aimer avec ardeur.
     Tircis un matin
En faisant le badin

Lui

Lui préfente la main,
Lors cette beauté,
Loin de le refufer,
De lui s'eft approché.
Ce fidele Amant
Lui donne à l'inftant
Un baifer charmant.

F I N.

CHANSON NOUVELLE.

DIeu du vin ton jus falutaire
Fait regner les plaifirs,
Tu fçait ragaillardir
Jufqu'au plus vieux fexagenaire,
Et chez lui quelque fois encor,
Tu reveille le chat qui dort.

Que je plains l'erreur où vous êtes
Amants mal-avifez,
Qui faites les rufez
Pour fonder les cœurs des filletes,
Vôtre fineffe vous fait tort,
Elle éveille le chat qui dort.

Fiers objets qui d'un ton trop rude
Parlez contre l'amour,
Souvenez-vous du tour
Qu'il fit à Diane la prude,
En criant contre lui fi fort,

On

On éveille le chat qui dort.
   Un mari qui dit à sa femme
Remarquez-vous Damon,
Tous les jours ce garçon
Vous suit pour vous marquer sa flame,
Cet èpoux est un franc butor,
Il éveille le chat qui dort.
   De Guillot recevez pour gage
Un baiser des plus doux,
Badin retirez - vous,
A vous fuir la raison m'engage,
Je crains qu'en souffrant vôtre abord ;
Je n'eveille le chat qui dort.
   Pardonnez à mon badinage
Près de vous mon bijoux,
Si je suis un peu fou,
C'est qu'on ne sçauroit être sage ;
Dans vos yeux le charme est si fort
Qu'il reveille le chat qui dort.

F I N.

A U T R E.

VOus vous mocquez chere Lisette,
   Avec vous il faut deviner,
Et quand on vous conte fleurette
Vous ne faites que badiner,

Fixez

Fixez donc ce cœur
Fuyez l'inconſtance,
Recevez ce tendre Berger,
Et que vôtre perſéverance
M'oblige à ne jamais changer.

   Pourquoi la belle te deffendre?
Couronne donc ma vive ardeur,
Tes beaux yeux font aſſez entendre
Que tu ne demande qu'un cœur,
Comble mes ſouhaits
L'ardeur qui me preſſe,
Me force toujours à t'aimer,
Et ta vertu redouble ma tendreſſe,
Je ne puis plus y reſiſter.

   Ton air double me fait comprendre
Que tu te badines des cœurs,
Quand des Amans ſe font entendre,
Tu dis que ce ſont des menteurs,
Tu nargues le tems
Viendra la vieilleſſe,
Qui te narguera à ton tour,
Profite de ton aimable jeuneſſe,
C'eſt un avis du Dieu d'Amour.

F I N.

*****

CHAN-

* * * * * * * * * * * *

CHANSON NOUVELLE.

Sur l'air : *Ah ah ah.*

UN jour un Berger de ces lieux
    Me rencontrant seulette
Il crut assez plaire à mes yeux
    En louant ma houlette
Ah ah ah je lui donnois beau
        Le lourdeau,
Mais il a fait le nigaud.

    Il m'apprit que la jeune Iris
Avoit un beau cor sage,
Que son jeune frere Tircis
N'étoit plus au Village,
Ah ah ah, &c.

    Il jouit de son flajolet
Un air doux & très tendre,
Il refusa tout plat tout net,
De vouloir me l'apprendre,
Ah ah ah, &c.

    J'agassois à chaque moment
Ce Berger trop tranquille,
Mes yeux lui disoient mon tourment
Mais tout fut inutile,
Ah ah ah, &c.

    Il craignoit qu'un baiser surpris

Me

Me rendit mécontente,
Mais fans irriter mes efprits ,
Il en auroit pris trente,
Ah ah ah, &c

    Nous étions loin de nos hameaux
Tous deux feuls à l'ombrage,
Il n'écouta que des oifeaux
L'agréable ramage,
Ah ah ah, &c.

    En propofant des petits jeux
Je crus me faire entendre
Mais l'indifferent amoureux
Ne fçut pas le comprendre,
Ah ah ah, &c.

    Laffée de vóir en ce Berger
Autant d'indifference,
Je lui propofai un baifer
Pleine d'impatience,
Ah ah ah, &c.

    Il me dit d'un ton langoureux,
Y penfez-vous, Bergere,
Quelqu'un peut nous voir en ces lieux.
Que diroit vôtre mere?
Ah ah ah, &c.

    Profitez de cette leçon
Fillettes du village,
Choififfez deffus le gazon
Un Berger moins fauvage,
A quoi bon de le donner beau

Ces

Ces Lourdeaux
Font toujours les Nigaux.

F I N.

CHANSON NOUVELLE.

QU'il eſt doux poulette
D'être ſur l'herbette,
Aſſis tête à tête
Avec ſon amant,
D'une amour très-tendre,
L'on ta laiſſe prendre,
Qu'il eſt doux d'entendre
Se dire ſouvent,
Cher objet que j'aime
Briſons nôtre chaîne,
Finiſſons nos peines,
Quel enchantement.
   Ah mon cher Silvandre
Tu me paroîts tendre,
Mon cœur va ſe rendre
Ne fais nul effort
Je me ſens émue,
Je me vois perdue,
Et loin de ta vue
Je cherche la mort,
Baiſe moi Silvandre,

Pour-

Pourquoi se deffendre,
Ce moment est tendre
Profite du sort.

    Je sens bien Clarice
Que l'amour propice
Dans nos cœurs se glisse,
Pour nous rendre heureux,
Je sens dans mon ame
Voler une flâme,
Cher cœur je me pâme,
A ces tendres feux
Ce Dieu favorable,
Qui nous rend aimable,
Toujours estimable,
Nous unit tous deux.

    Tu as pour partage
Un très beau visage ;
Tes yeux ton langage
Ont sçu me charmer,
Non il faut se rendre
A tes regards tendres,
Et sans plus attendre
Il faut me ceder,
Lisette je t'aime
D'une amour extrême
Aime moi de même
Sens trop differer.

    Chargé de ta chaîne,
Charmante Inhumaine,

Tu

Tu me vois sans peine
Gemir tous fers,
Lors que je soupire
Tu te mets à rire,
Et de mon martire
Ton cœur devient fiere,
Beauté trop severe
Finit ma misere,
Je cherche à te plairè
D'aigne m'écouter.
 Si j'ai l'avantage
De te rendre hommage,
De tenir pour gage
De mon tendre amour,
Mon aveu sincere
Qui puisse te plaire,
Si je persevere
A faire ma cour,
Ma joye imparfaite,
Deviendra parfaite,
Voyant la victoire
J'aimerai toujours.

F I N.

* * * * * ● * * * * * *

CHANSON NOUVELLE,

Sur l'air : *Du Landrirette.*

L'Autre jour sur l'herbette
Où j'étois à rêver,
Je vis la jeune Annette
Qui se prit à chanter :
J'ai prêté mon lan la landrirette,
J'ai prêté mon panier.

Je vis la jeune Annette
Qui se prit à chanter,
Cette chanson follette
A Tircis son berger,
J'ai prêté, &c.

Cette chanson follette
A Tircis son berger,
Je te rends ta houlette
Tu peux la remporter,
J'ai prête, &c.

Je te rends ta houlette
Tu peux la remporter,
Au son de ta musette
Je ne veux plus danser,
J'ai prêté, &c.

Au son de ta musette
Je ne veux plus danser,

I

Quand

Quand on est si jeunette
D'amant il faut changer,
j'ai prêté, mon, &c.
  Quand on est si jeunette
D'amant il faut changer,
Ainsi te voilà prête,
Dit-il à me quitter;
Prends ton lan la landrirette, &c.
  Ainsi te voilà prête
Dit-il, à me quitter:
Et mon ardeur parfaite
Ne sçauroit te fixer,
Tu prête ton lan la landrirette, &c.
  Et mon ardeur parfaite
Ne sçaurois te fixer
De ton humeur coquette
je prétens me venger,
En changeant de lan la landrirette,
En changeant de panier.
  De ton humeur coquette
je prétens me venger,
Sur ces mots qu'il repete
Il cesse de parler.
D'Annette & du lan la landrirette
D'Annette & du panier.
  A ces mots qu'il repete
Il cesse de parler,
Et sur la mousse verte
Il se laisse tomber,

Au-

Auprès de son lan la landrirette,
Auprès de son panier.

Et sur la mousse verte
Il se laisse tomber,
Embrasse landrirette
Lui donne cent baisers
Et vola son lan la landrirette
Et vola son panier.

Embrasse landrirette
Lui donne cent baisers
Le loup dans l'entrefaite
Le troupeau vint piller,
Et eut peur du lan la landrirette,
Il eut peur du panier.

Le loup dans l'entrefaite
Le troupeau vint piller,
La bergere inquiette
Se mit à lui crier,
Ha ! laissez mon lan la landrirette
Ha ! laissez mon panier.

La bergere inquiette
Se mit à lui crier,
Cours à mes brebillettes
Si j'en laisse égarer,
Que te sert mon lan la landrirette
Que te sert mon panier.

Cours à mes brebillettes
Si j'en laisse égarer
Maman demain seulette

Me

Me les fera garder
Va fonge à mon lan la landrirette
Va fonge à mon panier.
   Maman demain fculette
Me les fera garder
Il vole après la bête,
L'agneau lui fait lâcher
Pour garder fon lan la landrirette
Pour garder fon panier.
   Il vole après la bête
L'agneau lui fait lâcher
Aux pieds de fon Annette
Il vient le raporter,
Content de fon lan la landrirette,
Content de fon panier.

F I N.

CHANSON NOUVELLE,

Sur l'air : *Ne m'entendez-vous pas.*

L'Elite de nos fleurs
Demain fera fanée,
C'eft vôtre deftinée
De conferver les cœurs,
Beaucoup mieux que les fleurs.

F I N.

CHAN-

* * * * * * * * * * * * * * *

CHANSON NOUVELLE.

CElebrons Bacchus,
Ne penfons plus
A nos Amintes,
Dans fon divin jus
Noyons tous les foins fuperflus
Ami verfe-moi,
Je trinque à toi
Vidons les pintes,
Et jufqu'à demain
Ayons le verre en main
 J'ai fans y penfer
Laiffé tomber
Mon gand par terre,
Cherchez mon mignon ;
Il eft tombé de mon manchon,
Où va vôtre main
Fi donc badin,
Qu'allez-vous faire ;
Ah ! le fot enfant,
Il ne voit pas mon gand.
 Timides amans,
Soyez conftans
A vos maîtreffes,
L'amour tôt ou tard

I 3

Vous bleſſera du même dard :
Souvent le hazard
A plus de part
A leur foibleſſe,
Que le ſoin flateur
De poſſeder un cœur.

Loiſqu'un tendre amant
Vif & conſtant
Près d'une belle,
Sçait bien ménager
L'heure & le moment du berger,
Malgré le mépris
De la Cloris
La plus cruelle,
Il jouit un jour
Du fruit de ſon amour.

Quel eſt mon bonheur,
Je revois ma chere maîtreſſe
Quel eſt mon bonheur !
Helas ! je poſſede ſon cœur,
L'honneur & le bien
Si gracieux
Qu'il paroît être,
Ne me tente pas
Quand je vois ſes apas.

Un heureux moment
Me la fait connoître ſeulette ;
Un heureux moment
A fini mon cruel tourment,

O grand

O grand Dieu d'amour,
Par ton secours
Daigne m'apprendre,
S'il est un moment
Plus doux pour un amant.

F I N.

CHANSON NOUVELLE,

De la jeune Lisette, Sur l'air,
Et mon lan la,

LA jeune Lisette à l'ombre
D'un bois touffu & charmant
Soupiroit en ce lieu sombre,
De s'y trouver sans amans,
Et sans lan la, &c.

Amour tu rends, disoit-elle
Jusqu'aux Papillons heureux,
Par quelle loi si cruelle
Ne sçaurois-je avoir comme eux
Un beau lan la, &c.

Sous sa bizare coquille
Le limaçon est content,
De l'indifferente anguille
Tu prends soin de son étang,
Pour son lan la, &c.

Du fier lion que tu presses

Rien

Rien ne gêne les defirs,
Du moment que tu les bleffes
Moifonnes-tu les plaifirs,
De fon lan la, &c.

Tout chante dans la nature
Tes charmes & ta douceur,
Suis-je d'âge & de figure
A fouffrir tant de rigueur
Pour mon lan la, &c.

Seule j'ai toujours la peine
De deffendre mon troupeau,
D'être avec lui dans la plaine
Les vallons & les côteaux;
Et mon lan la, &c.

Ainfi chagrine, inquiete
Se plaignoit feul en un coin
L'aimable & tendre Lifette
Penfant n'avoir de témoins
Que fon lan la, &c.

Mais les échos racontcrent
Ses foupirs aux Dieux des bois,
Tour à tour ils la prefferent
De fixer chez eux fon choix,
Et fon lan la, &c.

Mais c'eft pour le beau Silvandre
Qu'en fecret coulent fes pleurs,
L'Amour touché de l'entendre,
Du berger toucha le cœur,
Et le lan la, &c.

Il

Il vole après la bergere
Lui jure un amour conſtant
Et d'une ardeur très ſincere
Offre ſa foi pour garant,
Et ſon lan la, &c.

    Sur le front de la bergere
Monte une vive couleur,
Elle feint que la colere
Lui prête cette rougeur
Pour ſon lan la, &c.

    C'eſt au tems, repondit-elle
A me prouver vôtre ardeur,
Il promit tout à la belle
Pour toucher un jour ſon cœur,
Et ſon lan la, &c.

F I N.

CHANSON NOUVELLE.

VOlez, volez plaiſir,
    Sur le ſein de ma bergere
Semez des deſirs,
Que vos attrais
D'une amoureuſe flame,
Dans ſon ame
Conduiſe ſes traits,
Que dans ſes yeux,

Mon

Mon amour puiſſe lire
Les deſirs
Ou tendent mes vœux.
      Coulez ruîſſeaux cheris,
Que vôtre murmure endorme
La jeune Cloris,
Zephir badin
Je te prie d'un coup d'aiſſe
De la belle
Découvre le ſein,
Que de tréſors,
Amour viens à mon aide,
Cloris cede
A mes doux tranſports.
      Rions, chantons, danſons,
Folatrons avec nos belles,
Vuidons nos flacons,
Fils de Cipris,
Animons nous à boire,
Ta victoire
En ſera le prix,
Et toi Bacchus
Moins jaloux de ta gloire,
Fais nous croire
Que tu ſois Venus.

F I N.

M E-

* * * * * * * * * * * * *

MENUET NOUVEAU.

A L'Amour,
Dans ces charmant féjour,
Cedons là victoire,
A l'Amour
Dans ce charmant féjour,
Faifons tous la cour,
La raifon aura fon tour,
L'on a fur le retour,
Le tems de la croire;
L'Amour feul nous rend contens,
Dans fes amufemens
Paffons nos beaux ans.
   Ca Fanchon,
Viens-t-en fur le gazon,
Me trouver feulette,
Ca Fanchon,
Viens-t-en fur le gazon,
Dire une chanfon,
De ta voix le tendre fon
Fera bien l'uniffon
Avec ma mufette,
Sur un mélodieux ton,
Amour d'une leçon
Nous fera raifon.

I 6

    Le bon vin,
D'un excellent diftin,
Fait toute la gloire,
Noïe le chagrin
Le Champagne eft le plus fin,
Le Bourgogne eft divin,
Sans choix j'en veux boire,
Seconde moi Catin,
Accepte de ma main
Ce verre tout plein.

FIN.

CHANSON NOUVELLE,

Sur l'ait : *Amans vôtre bonheur.*

QUe l'amour eft trompeur,
    Le traître m'en impofe :
Helas dans mon bonheur,
Quelle métamorphofe ;
Mais, mon cœur, bouche claufe :
Amour de tes rigueurs,
Quand on dit quelque chofe,
Il en coûte des pleurs.
    J'en la déja verfè
Comme amant miferable,
Sans qu'aucune pitié

                    M'ait

M'ait rendu fuportable
Aux yeux d'une inhumaine,
Qui me rend malheureux :
C'en eft fait de fa chaîne,
J'en veux brifer les nœuds.

    Oui, je vous ai quitté,
Trop perfide & cruelle,
Nargue d'une beauté
Qui ne m'eft point fidelle ;
Vos yeux n'ont plus de charmes,
Et ne peuvent plus rien,
Je pleure jufqu'aux larmes
Que verferent les miens.

    L'amour que je reffens,
Fut toujours légitime,
Et ce n'eft à mon fens
Qu'une galante eftime :
Oui la plus belle femme
Denuée de vertus,
Eft comme un corps fans ame,
Qu'on ne reconnoît plus.

    De fon cœur autrefois
Je recevois le gage,
Je goûtois fous fes loix
Maint & maint avantage,
Nos cœurs unis enfemble
Pour s'eftimer toujours,
Donnoient un tendre exemple,
Du plus parfait amour.

I 7

Je

Je voïois mes rivaux
Auprès de ma maîtresse,
Lui remontrer leurs maux,
Et elle leur foiblesse,
Et n'avoir de tendresse,
D'attention, de foy,
De bonté, de caresse,
Seulement que pour moi.

Quel charme l'on ressent,
De jouir dans la vie,
D'un cœur tendre & constant,
Que tout le monde envie,
Un bien si désirable
Ne peut durer toujours,
Et c'est le moins durable,
Que celui de l'amour.

De cet évenement
L'injuste experience,
Fait voir évidemment
Des hommes l'imprudence,
Tout ce que l'apparence
Offre aux yeux éblouïs,
N'est pas ce que l'on pense,
Sage qui n'est pas pris.

Ainsi de mes amours,
Helas, ce qui me reste,
Est de n'avoir toujours
Qu'un souvenir funeste
De mon trop de franchise

A me

A me laiſſer gagner,
Et d'avoir donné priſe
A un cœur ſi leger.

F I N.

CHANSON NOUVELLE,

Sur la Chaſſe de Cythere.

JE ſuis un crouſtilleux Chaſſeur,
  Qui bat la Forêt de Cythere,
En Gibier je ſuis connoiſſeur,   *bis.*
Et je n'en ratte guére.
    Tout Gibier ne me convient pas,
Et je n'en cherche pas le pire,
La plume a pour moi peu d'appas,   *bis.*
C'eſt au poil que je tire.
    D'autres Chaſſeurs font leurs efforts,
Pour bleſſer la piece à la tête,
Mais moi c'eſt au milieu du corps, *bis.*
Où je frappe la bête.
    De poudre je ſuis ménager,
Quand je tiens une piece au gîte,
Sur la même j'aime à tirer   *bis.*
Cinq ou ſix coups de ſuite.
    Je ne tire qu'a coup portant
Et j'ajuſte à ma fantaiſie
Les pieces que j'abbats pourtant; *bis.*
                 N'en

N'en perdent pas la vie.
    Le Gibier du bois de Cypris,
A beau faire quoi qu'il s'écarte,
J'ai tant d'adresse qu'il est pris   *bis.*
Avant que mon coup parte.

F I N.

A U T R E.

Amour ce Dieu Nabot,
    Ce petit Tourtereau,
Au fond de mon jabot
Allume son fallot,
Ah ! charmante Brunette,
Ton œil est un brulcau,
Mon cœur une allumette.

F I N.

CHANSON NOUVELLE.

Ne gênons ni femmes, ni filles,
    Les renfermer c'est un abus,
L'Amour assoupit les Argus,
Il rompt verrouils & les grilles,
Les mieux gardez s'échapent bien
Sans le cœur on n'est sûr de rien.
                              L'Amant

L'Amant avare & tirannique
Verra rebuter ſes déſirs ;
Mais ſi l'amour a des plaiſirs,
Ils ſont pour l'Amant magnifique :
Donnez Amans, mais donnez bien,
Donner peu, c'eſt ne donner rien.

Quoique coûte un bonheur ſuprême,
On voudroit arriver au Port :
L'Amour ne connoît de tréſors
Que l'objet de ſon amour même,
Donnez Amans, &c.

Un cœur genereux & ſenſible
S'offenſe d'être mis à prix,
Pour lors il n'a que du mépris,
L'Amour ſeul ſe rend acceſſible,
L'Amour peut tout, l'interêt rien,
Sur un cœur fait comme le mien.

La façon d'offrir un ſervice
Eſt le don des Amans adroits,
Les préſens même quelquefois
Offenſent plus que l'avarice,
Donnez, &c.

Damon pour enrichir ſa belle,
Ne va point offrir ſon argent,
Il ſçait pour cacher ſon préſent
Joüer de malheur avec elle,
Donnez, &c.

Prenez tous Tyrcis pour modelle
Amans, & vous ſerez heureux,

A l'Amant

A l'Amant tendre & genereux
Est-il quelque beauté rebelle,
Donnez, &c.

Jusqu'à présent rien ne me touche,
Mais tout viendra avec le tems,
Laissez passer quatre Printems,
Mes yeux diront mieux que ma bouche;
Donnez, &c.

On soûmet des Amans bigearres,
L'on peut aimer d'aimables foux,
Mais que peut-on faire de vous
Vilain jaloux, vilain avare,
Donnez, &c.

Les grandeurs de toute la terre,
A mes yeux s'offriroient en vain,
Quand vous me donnez vôtre main
Quelque autre bien pourroit me plaire;
Donnez, &c.

Soyez avare de critique,
Si vous ne sortez pas contens;
Ce n'est qu'en applaudissemens
Qu'il vous sied d'être magnifique,
Applaudissez pour vôtre bien;
Critique m'est si peu que rien.

F I N.

*****

CHAN-

* * * * * * * * * *

CHANSON NOUVELLE,

Sur l'air : *Comme voilà qu'est fait.*

DE talens, de force, & courage,
En naissant l'homme fut doté,
Votre sexe obtint pour partage
Les agrémens, & la beauté,
Vous nous le prouvez bien Lisette,
En vous tout enchante & tout plaît ;
Vous eûtes la dote complette,
Pour moi si je suis un peu laid,
Qu'est ce que cela vous fait ?

   Quel est donc cette humeur farouche ?
Quand je vous demande un baiser,
Vous faites la sainte mitouche,
Hé ! pourquoi me le refuser ?
C'est une plaisante défaite,
De dire qu'un homme est trop laid
S'il brûle d'une ardeur parfaite,
S'il est délicat & discret,
Qu'est-ce que cela vous fait ?

   Je sçai qu'autre-fois Angelique
A Roland préféra Médor,
Près de Venus dont Mars se pique,
Adonis reussit encor,

Car

Car l'une & l'autre étoit coquette,
Quoi donc, ce modele vous plaît !
Pourvû qu'on ait l'ame bien faite,
Que le minois soit un peu laid,
Qu'est-ce que cela vous fait ?

   Jupin descendit sur la terre,
En Cygne, en Epoux, en Taureau,
Mais, dit-on, qu'il ait pris pour plaire,
L'Air de ce qui s'appelle beau,
Daphné Nymphe simple & jeunette,
Traite Apollon de Freluquet ;
Elle avoit raison la poulette,
Un beau vaut souvent moins qu'un laid,
Qu'est-ce que cela vous fait ?

   Quand on dit qu'Amour ne voit goute ;
Ce discours est sententieux,
Il veut nous apprendre sans doute,
A ne point juger par les yeux,
Et c'est ce que ma Chansonnette
Vous répéte à chaque couplet :
Pour le dire autrement Lisette,
On est toujours beau quand on plaît,
Qu'est-ce que cela vous fait ?

F I N.

**
*

CHAN-

* * * * * * * * * * * * *

CHANSON NOUVELLE,

Sur l'air : *Je vous aime Claudine.*

TEs beaux yeux, ma Nicole,
   Me boutent tout en feu,
Sur ma foi je riſſole,
Cela paſſe le jeu,
Par l'ardeur qui me frappe
Mon corps ſemble un chaudron,
Et mon cœur une carpe
Qui cuit au cou bouillon.
   Quand je lorgny ta face
Pour la premiere fois,
J'y trouvi tant de grace
Que l'en lichi mes doigts,
Tu me donni dans l'aile
Sur le ventre & partout,
Et tu mis ma cervelle
Tout ſans deſſus-deſſous.
   Ton viſage a la meine
Un ſat in blanc tout neuf,
Ta mignarde poitreine
Eſt plus ronde qu'un œuf,
Quand ta main délicate
M'ègratigne & me bat,
Je crois ſentir la patte

De

De nôtre petit chat.

    Tu reſſemble à la Lune
Quand elle eſt dans ſon plein,
Ta chevelune brune
F ite comme du crin;
Tu dégueule une halcine,
Plus douce que du lait,
Tu pîſſes une ureine
Qui ſent le ſerpolet.

    Des pieds juſqu’à la tête,
Ton corps eſt tout joli;
Tu n’es pas une bête,
Car tu as de l’eſprit:
Tu jaſe & tu raiſonne,
Ainſi qu’un Perroquet,
Et ton goſier fredonne
Comme un cul de Mulet.

    Si quelquefois ma lévre
Veut te baiſer la main,
C’a te donne la fiévre,
Tu ſautes comme un Daim,
Ah! beauté rudaniere,
J’ay beau te cajoler,
Tu es pour moi plus fiere
Qu’un Cocq ſur ſon pailer.

    Hélas! rien ne te touche
De toutes mes douleurs,
Tu es comme une ſouche;
Quî durcit de mes pleurs:

En

En vain pour toi je seche,
Comme un harang soret :
Tires bien pigriéche ;
Plus dure qu'un cotret.

    Mes yeux brillent de même
Que ceux d'un Merlant frit
Je ressemble au Carême,
Tant que je suis maigri ;
J'ai toute l'encolure
D'une mine à Calot,
Ha ! c'est fait, je te jure,
De tous pauvre Pierrot.

    Je semble un écumoire
Tout percé de tes coups,
Tes traits dans ma mémoire
Sont fichez comme cloux,
L'Amour avec sa lance
S'y grave tout à point,
Comme tu vois ma panse
Gravée en mon pourpoint.

    La nuit je ne sommeille
Non plus qu'un vrai lutin,
Jamais je ne m'éveille,
Car je ne m'endors point :
Ainsi qu'une Saucisse,
Qui rôtit sur le gril,
Mon corps plus chaud qu'épice
Se grille dans mon lit.

    Mon pauvre nez d'une aune -

S'alon-

S'alonge de souci,
Mon visage est plus jaune
Qu'un vieux peigne de Buis
Ma figure se ride
Ainsi qu'une Guenon,
Et ma tête se vuide
De sens & de raison.

    Vos yeux comme une lampe
Illuminent les miens ,
Vous êtes si charmante
Que par ma foi j'en tiens ;
Je vous aime à vôtre âge,
Et souffrez qu'en ce jour,
Avec vous je partage
L'excès de mon amour.

    Je vous aime Claudine,
Quasiment tout-à-fait,
Je sens dans ma poitreine
Mon cœur tout guilleret
Tendre comme Brioche,
Trempe dans du vin doux,
Encore un tour de broche
Et mon cœur est à vous.

    Tes charmes, ma Nicole,
M'ensorcellent d'Amour
Ton bieau Portrait m'afolle
J'y rêve nuit & jour,
Toujours & à toute heure
Je pense à tes appas,

Et

Et il faut que je meure
Si tu ne m'aimes pas.

FIN.

CHANSON NOUVELLE,

Sur le même air.

TEs vilains yeux, Claudine
Eteignent tout mon feu,
Ton effroyable mine
Nanime point au jeu :
Près de toi rien n'excite,
J'y suis comme un glaçon,
Sur ma foi je te quitte,
Pour l'aimable Fanchon.

Quand j'avisai ta face,
Dès la premiere fois
J'y trouvai tant de crasse,
Que j'en mordis mes doigts,
Te voyant de la sorte,
J'en crevai de dépit :
Voulus gagner la porte,
Sitôt tu m'enfermis.

En amour, en tendresse;
Je suis fort délicat,
Je veux que l'objet blesse,
D'abord du haut en bas,

Si-

Sinon je me retire,
Et bats bien vîte aux champs,
Jamais je ne foûpire,
Que pour des traits charmans.
　　Ta blancheur est de même
Que celle du Corbeau,
Ta laideur est extrême,
Affreux est ton musiau,
Plus platte qu'une assiette
Ta poitrine paroît,
Et ta jambe mal faite,
Déplaît quand on la voit.
　　De rides ton visage
Est tout partout rempli,
D'un si bel assemblage,
Je suis tout ébahi,
Tiens, crois-moi, ma Claudine,
Je ne suis pas ton fait,
Je cherche qui m'anime,
Je cherche un biau portrait.
　　Chez toi c'est le contraire,
Tout me dégoutte en toi,
Je ne sçaurois m'en taire,
Je méprise ta foi,
Pour un objet qui plaise,
Je veux me conserver,
Et vivre paix & aise,
En rien ne me gêner.
　　Comme une calonniere,

Fii-

Frifent tes blonds cheveux,
Chez toi devant derriere,
Tout eft difgratieux :
Tes yeux, ton nez, ta bouche,
Tes lévres & tes dents,
Ma foi n'ont rien qui touche,
N'ont aucun agrément.

Des pieds jufqu'à la tête,
Comme un monftre eft ton corps
Et tu n'es qu'une bête,
Sans efprit, fans reffort,
Tu raifonnes & tu jafes,
Tout ainfi qu'un Oifon,
Tout ainfi qu'un Pégafe,
De même qu'un Héron.

Tu n'as rien qui m'engage,
Et qui foit de mon gout :
Il me faut biau corfage,
Et de l'efpit furtout,
A Garçon de ma taille,
Il faut un bon parti,
Tu n'as chofe qui vaille
Tu me rends tout tranfi.

En vain pour moi tu feiche,
En vain tu veux ma'voir,
A ton humeur revêche,
Revolte mon devoir,
Cherche ailleurs ta fortune,
Tu trouveras tes gens,

Sou

Souvent au clair de Lune,
L'on se fait des Amans.

F I N.

A U T R E.

QUE Bacchus soit ici le Maître,
  C'est lui qui doit nous enflâmer,
Il faut boire pour se connoître,
Et se connoître pour s'aimer.

F I N.

CHANSON NOUVELLE,

Sur l'Air : *Des Sabos*, ou *des cinq Voyel-*
les : a, e, i, o, u.

JE suis pensif depuis qu'auprès d'un If,
  D'Iris le minois tentatif,
Me rendit attentif :
Marchant a pas d'Escogriffe,
Je la contois sous ma griffe,
Ou bien sur mon traif :
Mais cet objet, voyant mon motif,
A me fuir fut hâtif,
C'est dans le genre actif ;

D'Atha-

D'Athalante un diminutif,
J'en fuis encore pouffit.   (tomach)
     Lorfqu'un bon Vin meuble mon ef-
Je fuis plus fçavant que Balfac,
Plus fage que Pybrac;
Mon bras feul faifant l'attaque,
A la Nation Caufaque,
La mettroit bien à fac;
De Caron je pafferois le Lac
En ronflant dans fon bac,
Puis j'irois à Chyrac,
Sans que mon cœur fit tic ni tac
Prefenter du Tabac.   (nic)
     Mes chers amis, dans ce charmant pic-
Gardons-nous de prendre le tic
De boire ric à ric,
Caffons tous vafes hydroliques,
L'eau pour un gofier bachique,
Eft un pur Arfenic:
Abandonnons l'Etat & le Public,
Defcartes & Copernic
Et tous les noms en hic,
Ayons foin de notre alambic,
Amis voilà le tic.   (broc)
     Quand nous aurons vuidé chacun un
Chez Venus faifons en un troc
Et l'engageons *ad hoc*;
Bacchus m'échauffe la toque,
A l'amour tout me provoque,

K 3

Car

Car je grille en mon froc ;
Pour mériter un aimable choc,
Dût-on me croire escroc,
J'irai d'un coup d'estoc,
Du minois du Roy de Maroc,
Couper la barbe, croc.

   Quand à Margot, j'ôte mon Caudebec,
Si d'elle j'approche le bec,
Je lui deviens suspect,
D'abord elle se rebecque,
Il n'est grimaud de la Mecque,
Qui me parut moins grec ;
Je narguerai cet esprit circonspect,
N'aurai plus de respect
Pour la Salamalec,
Philis est d'un plus doux aspect,
J'aime mieux être avec.

F I N.

C R I T I Q U E.

De la Chanson précédente, *sur le même Air.*

JE suis gaillard & j'ai bon estomach,
J'aime, bois & prends du Tabac,
En dépit de Chyrac,

Si

Si ma Maîtresse m'attaque,
Je jette bas ma casaque
Et fais le micquemac,
Pour la voir je passerois un Lac,
D'ici jusqu'à Brissac
Sans me servir de bac ;
Aussi reglé qu'un Almanach,
J'emplis huit fois son sac
    Je suis chez moi frugal & circonspect,
Je suis content harang pec
Quand j'ai du vin avec ;
J'ai ma petite soubrette,
Qui n'aime que la Piquette,
Mais moi le bon vin grec ;
Ah grand Dieu, quel déplorable aspect !
Pour moi le triste échec,
Ma bouteille est à sec :
Console-moi belle Rebec,
D'un petit coup de bec.
    Avec elle je marche ric à ric,
Mon amour pour elle est public,
Tout le monde a son tic,
Mais pour la vieille Angelique,
Chez elle j'ai l'air comique
D'un Vilet de picque ;
J'aimerois mieux prendre de l'Arsenic,
Que de faire le tric
Avec ce rude aspic :
Qui a les yeux d'un basilic,

K 4

Et

Et le nez d'alambic.

    Aprends belle, mes qualitez en bloc,
J'aime la joye j'ai de l'estoc,
Je bois mon demi broc,
Quand la botte me provoque,
Je sorts vîte de ma coque,
Plus ferme qu'un roc :
En amour on me connoît bon Coq,
Je suis beaucoup plus croc
Que le Roy de Maroc,
Et l'Agent qui porte le froc,
N'est pas plus rude au choc.

    Sur son déclin cette coquette *adhuc*
Est plus âpre à la chair qu'un Duc,
Malgré l'âge caduc ;
Tout homme à blonde perruque,
Pour elle se sent eunuque,
Sinon le frere Luc :
Tous les soirs il la va voir au juc
Elle lui donne son suc,
Contre l'avis d'Astruc :
Mais elle a bien soin que son busc
Sente toujours le musc.

    Je n'aime point la beauté qui me brus-
      que,
Ou qui de trop près me reluque,
Ou qui sent trop le musc,
Sa sévérité m'offusque,
Elle est plus fiere qu'un Duc,

                Et

Et plus roide qu'un bufc,
J'aimerois mieux tomber du mal-cadue,
Ou fervir le grand Turc,
En qualité d'eunuque,
Ou decourir jufqu'au Moluc
Sans chapeau, ni perruque.

F I N.

CHANSON NOUVELLE,

Sur l'air : *De Joconde.*

NOus joüiffons dans nos hameaux,
   D'une douceur parfaite
L'on ne voit point fur nos côteaux
De Plainte, ni Requête,
Nous faifons le bien pour le bien ;
Nous aimons qui nous aime ;
Ceux qui ne nous compte pour rien,
Nous le comptons de même.

   L'on ne voit point comme à la Cour,
Qu'on cherche à fe détruire ;
L'on y trouve la fin du jour,
Sans flater, ni médire
L'on n'y veut fuivre d'autre Loy,
Que la fimple nature,
L'on y chérit la bonne foy,
L'on blâme l'impofture.

 Nos

Nos cœurs exempts de vains desirs.
S'épargnent bien des peines,
Nous cherchons ce qui fait plaisir,
Nous fuyons ce qui gêne,
Le Dieu du vin, le Dieu d'Amour,
Partagent notre vie,
A Bacchus nous donnons le jour,
Et à la nuit à Sylvie.

Nos Celliers ne font point remplis
D'une liqueur choisie,
Nos repas ne font point servis
En grande symétrie,
Mais a table avec ses amis,
L'on boit le vin de Brie,
Comme les Dieux du tems jadis,
Bûvoient leur Ambroisie.

F I N.

CHANSON NOUVELLE,

Sur un Air de Chasse.

INgratte, c'est sans retour,
Je brise mes nœuds, dans ce jour
   Plus d'amour;
Enfin je l'ay découvert
Ce Rival heureux qui me perd;
Caché dans un bois,

Je

Je t'apperçus de loin,
Tu pris peu de soin,
Me croyant sans témoin,
Que j'en fus surpris !
J'en ay trop appris,
Ton cœur est épris pour Tyrcis,
Dès que tu le vis,
Tu t'en réjoüis,
Tu lui fis un souris,
Tu rougis,
Tu pris, pris.
 Tu pris, tu pris un anneau,
Et quand tu fus loin du hameau,
Sous l'ormeau ;
Tyrcis le prit de ta main,
Grand Dieu son bonheur est certain !
Caché dans vn coin,
Je t'apperçus de loin, &c.
 Tu mis, tu mis un ruban ;
Au Berger Tyrcis, badinant, folâtrant,
Le mit à ton chalumeau,
Grand Dieu son bonheur étoit beau !
Caché dans un coin, &c.
 Tu fis, tu fis un faux pas,
Au berger tu tendis les bras
Tu tombas ;
Tyrcis en sçut profiter,
Grands Dieux je ne puis achevet !
Caché dans un coin, &c. *bis.* FIN.

K 6.   CHAN-

* * * * * * * * * * * * *

CHANSON NOUVELLE,

De la Comédie Italienne.

Sur l'air : *De la Jardiniere.*

POur un Berger de ce hameau,
   Je ne suis point cruelle,
Il m'apprit un jour sous l'Ormeau
Une Danse nouvelle,
Je ne vis jamais rien de si beau,
Car elle est universelle.

   On commence par un baiser,
Et puis l'on entre en danse ;
Il ne faut point le refuser,
Sinon point de cadence,
Sur-tout faut bien exécuter
Tous les pas avec aisance.

   Le seul Flageolet de Colin,
Fait nôtre symphonie,
S'il en jouoit soir & matin,
Que je serois ravie,
Mais si-tot que je suis en train,
Serviteur à l'harmonie.

   Cette danse qui me plut tant,
Me parut difficile,
Car je fis mes pas en tremblant ;

Que

Que j'étois imbecile !
Colin me dit en débutant,
Que j'y deviendrois habile.

RÉPONSE.

L'Aimable Reyne de ces lieux,
Nous plaît & nous enchante ;
Il ne fut jamais sous les Cieux
De beauté plus charmante :
Jupiter Souverain des Dieux,
La choisiroit pour Amante.

FIN.

PLAINTE AMOUREUSE.

D'un Berger & d'une Bergere : Sur un
Air nouveau.

La Bergere.

NOn je n'irai plus, disoit Lisette,
Avec le beau Tyrcis sous l'Ormeau,
Loin du Hameau,
Ecouter seulette,
La plainte indiscrette
De son Chalumeau ;

Je

Je crains trop de m'y laisser surprendre,
Souvent un air tendre
Nous en fait entendre
Bien plus qu'il n'en faut ;
L'Amour s'en mêle & prend le défaut.

Le Berger.

Pourquoi donc ne vois-je plus Lisette?
Revenir près de moi sous l'Ormeau,
Loin du Hameau.
Est-elle seulette
Dans quelque cachette
Avec son troupeau ;
Je ne sçai si je la doit attendre,
Ou quel parti prendre,
Pour lui faire entendre
L'excès de mes maux :
Je crains son absence & mes Rivaux.
Je doute dans cette incertitude,   (ici)
Que je me plaigne, ou bien l'attende
Ou bien je puis
Dans l'inquietude
De ma solitude,
Cacher mon ennuy ;
Dans l'espoir qu'elle voudra se rendre,
Je vais entre prendre
De lui faire entendre
La peine où je suis ;
Les Echos lui porteront mes cris. FIN.
CHAN.

* * * * * * * * * * * * *

CHANSON NOUVELLE,

Sur l'air : *Du Prince George.*

NOn, non je n'ai jamais aimé
Si tendrement que j'aime,
Vos beaux yeux ont íçu me charmer,
D'une douceur extrême,
Plûtôt mourir, que de changer;
En diriez vous de même?

Des Roſſignols de ce Vallon
J'écoûtois les ramages,
Ils exprimoient par mille tons
Leurs amoureux langages,
Ils s'entre-donnoient des leçons,
Que j'aime davantage.

Ne rebutez point mes foûpiis,
C'eſt l'Amour qui l'ordonne;
N'eſt-il pas tems qu'à mes déſirs
Votre cœur s'abandonne,
Une belle n'a de plaiſirs,
Que ceux qu'amour lui donne.

Ta bonne mine & ta façon,
Quand je dors me réveille,
Je veux que toi, l'amour & moi,
Tantôt buvions bouteille,
Et je te dirai ſans façon
Quelques mots à l'oreille.   FIN.

A U T R E.

Du Camp de Porché-Fontaine.

LOrsqu'un Chapelier est rival
D'un jeune Gascon Capitaine,
Ce Chapelier se coëffe mal ,
Par ma foi son audace est vaine,
Pata pata pan, pata pan pan pan pan ,
On le mene tambour batant.

Un vieux Crésus par ses ducats
Peut désarmer une cruelle ,
Mais par la brêche il ne peut pas
Forcer jamais la citadelle ,
Pata pata pan, &c.
Il va fort peu tambour batant.

Autrefois Mars & les Amours
Faisoient des guerres éternelles,
Mais à présent en peu de jours
On prend les Villes & les Belles,
Pata pata pan, &c.
On les mene tambour batant.

Les Caissirs, les Agioteurs
Prennent les Places par famine,
On ne se rend à ces Messieurs
Que lorsqu'ils fondent la cuisine,
Pata pata pan, &c.
Leur bourse va tambour batant.

Près de Montreüil un Procureur
Faisoit le petit témeraire,

Mais

Mais sa Maîtresse eut grande peur ;
D'abord un galant Mousquetaire,
Pata pata pan, &c.
Les rassura tambour batant.

Un petit Maître dans ses feux
N'aime que l'éclat qui nous frape :
Un petit Collet amoureux
Surprend une belle à la sappe,
Pata pata pan, &c.
Il ne va point tambour batant.

Un Notaire ennemi du feu,
Loin du Camp de Porché-Fontaine,
Trouva sa femme en parti bleu,
Avec un jeune Capitaine,
Pata pata pan, &c.
Qui s'enrolloient tambour batant.

Oh ! depuis que j'ai vû le Camp,
Disoit Lucas à sa Lisette,
Je serai moins timide amant,
Lorsque tu battras la retraite,
Pata pata pan, &c.
J'avancerai tambour batant.

Qui vive ? est-ce vous ennemis ?
Bon quartier, point de bruit de guerre :
Mais si vous êtes nos amis,
Marchez à moi Messieurs du Parterre,
Pata pata pan, &c.
Et défilez tambour batant.

F I N.

AU-

AUTRE.

UN peu de vin dans la tête
   Porte l'Amour dans le cœur,
Un tendre Amant est sûr de sa conquete,
Quand sa Maîtresse a par bonheur
Un peu de vin dans la tête.

FIN.

CHANSON NOUVELLE.

Sur l'air : *Des Trembleurs.*

QU'un homme entre en mariage,
   Qu'il prenne une fille sage,
Qui passe en son voisinage
Pour exemple de vertu :
Fût-il rusé comme un Braque,
Et sage comme un Pibraque,
Un jeune amant survient, craque,
Voilà le sage cocu.
   La coquette toute aimable
De caresse vous accable ;
Et quoiqu'un mari traitable
Soit coëffé comme un taureau ;
N'importe, c'est la méthode ;
Tout époux s'en accommode,
Et quand on est à la mode,
Qu'importe corne ou chapeau. **FIN.**

CHAN-

* * * * * * * * * * * * * * * * *

CHANSON NOUVELLE.

NE croyez pas que je demeure   *bis*
  Plus long tems à boire avec
    vous ?
Du Berger j'entens sonner l'heure ,
Elle m'annonce un sort plus doux ,
Du Berger j'entens sonner l'heure
Elle m'annonce un sort plus doux.

   Que craignez-vous, jeune Bergere   *bis*
D'un Berger blessé de vos yeux ,
Et quel mal pourrois-je vous faire ?
L'Amour me conduit dans ces lieux
Et quel mal pourrois-je vous faire ?
L'Amour me conduit dans ces lieux.

   Je crains l'Amour & son empire   *bis*
Plus qu'un Loup dedans mon troupeau,
Un Berger qu'on sçait qui soûpire
Fait craindre souvent sous l'ormeau ,
Un Berger qu'on sçait qui soûpire
Fait craindre souvent sous l'ormeau.

   Quoi ! trouvez-vous si redoutable *bis*
Un enfant au milieu des jeux ,
De nos Dieux c'est le plus aimable
Et le plus digne de nos vœux :
De nos Dieux c'est le plus aimable ,
Et le plus digne de nos vœux.

Puis-

J'ai contre Iris pour me dé-
      fendre   *bis*
Ma houlette & aussi mon chien ;
Contre ce Dieu je n'ai qu'un cœur
      tendre,
Ou pour mieux dire je n'ai rien,
Contre ce Dieu je n'ai qu'un cœur
      tendre,
Ou pour mieux dire je n'ai rien.

    Rendez-lui le cœur qu'il demande *bis*
Vos plaisirs en seront plus doux,
Belle Iris, c'est la seule offrande
Que l'Amour exige de vous,
Belle Iris, c'est la seule offrande
Que l'Amour exige de vous.

    Je sens Berger, malgré moi-même *bis*
Que mon cœur voudroit s'engager ;
Mais du moins s'il est dit que j'aime,
Que j'aime un fidele Berger,
Mais du moins s'il est dit que j'aime,
Que j'aime une fidele Berger.

    Autant qu'Iris me paroît belle   *bis*
Que ses yeux ont sçû me charmer,
Autant je lui serai fidele
Puisque mon cœur a sçû l'aimer,
Autant je lui serai fidele
Puisque mon cœur a sçû l'aimer.

    Dans vos Hameaux le plus volage *bis*
Parle bien d'un ton aussi doux ;

Un

Un croirai-je vôtre langage ?
Parlez, Tircis, qu'en penſez-vous ?
En croirai-je votre langage ?
Parlez, Tyrcis, qu'en penſez-vous ?
   Tout eſt à vous, je ſuis ſincere , *bis*
Ma houlette & auſſi mon chien :
Quel preſent puis - je encore vous
   faire ?
Après mon cœur, c'eſt tout mon
   bien,
Quel préſent puis - je encore vous
   faire ?
Après mon cœur, c'eſt tout mon
   bien.

F I N.

A U T R E.

Sur le même Air.

VOudriez vous que je man-
   quaſſe   *bis*
Les plus doux momens de mes jours
Sçavez-vous qu'un Berger ſe laſſe
A force d'attendre toujours ?
Sçavez-vous qu'un Berger ſe laſſe
A force d'attendre toujours ?
   En amour on croit ſe défendre, *bis*
Mais il faut cêder à ſes coups :

Puiſqu'il faut à la fin ſe rendre,
Pourquoi donc y réſiſtez-vous?
Puiſqu'il faut à la fin ſe rendre,
Pourquoi donc y réſiſtez-vous?

F I N.

CHANSON NOUVELLE.

DEs plaiſirs de la Ville
   Je fais peu de cas,
Un bruit inutile
En fait tout l'appas :
Je cherche un azile
Où je ſois tranquille ;
Eloigné du fracas,
Je veux en Champagne
Fixer mon deſtin,
Sur une montagne
Où il croit de bon vin :
Un petit bois voiſin
Eſt dans la même enceinte,
Fontaines & Jardins,
C'eſt-là que ſans crainte,
Avec mon Aminthe,
J'attendrai ma fin.
   Le plaiſir de la vie
Conſiſte à trouver

Une

Une douce amie
Qui sçache approuver
Toute la folie,
Où l'ame ravie
Cerche à se livrer :
J'aime à voir ma maîtresse
Le verre à la main,
M'exciter sans cesse
A boire toujours plein :
Et pour tout dire enfin,
Je veux que sa tendresse
Ne me refuse rien ;
Que plus je la presse,
Et plus elle s'empresse
D'y mettre du sien.

FIN.

AUTRE.

Dans nos Bois,
Silvandre s'écrie,
Dans nos Bois
S'écria cent fois,
Si c'est un mal dangereux que l'Amour,
Hélas ! hélas ! je veux perdre la vie,
Si c'est un mal dangereux que l'Amour ;
Hélas ! hélas ! je veux perdre le jour.
Gardez-vous

Des

Des yeux de Silvie
Gardez-vous
De ses yeux si doux ;
Pour avoir pris à les voir trop d'amour,
Hélas ! hélas ! je veux perdre la vie :
Pour avoir pris à les voir trop d'amour,
Hélas ! hélas ! j'en veux perdre le jour.
Mon ardeur
L'irrite & l'ennuye,
Ma langueur
Aigris sa rigueur :
Pour n'avoir pû l'enflammer à mon tour,
Hélas ! helas ! je veux perdre la vie :
Pour n'avoir pû l'enflammer à mon tour,
Hélas ! hélas ! je veux perdre le jour.

F I N.

M E N U E T.

BElle Philis à tes charmes
Peut-on refuser les armes ?
On te résiste vainement,
Il faut en te voyant
Devenir ton Amant :
Les attraits de tes yeux
Causent mille douces allarmes,
L'Amour même suit tes loix
Les traits de son Carquois

Ne bleffent que pour toi;
Heureux le tendre Berger
Qui mérite ton cœur & ta foi.

F I N.

CHANSON NOUVELLE.

Sur l'air : *Ton humeur eft Catherine , &c.*

EN filant ma quenouillette
Sur le bord d'un clair ruiffeau ,
Je croyois être feulette
Et fongeois à mon troupeau ;
Mais fur la tendre fougere
L'Amour nous avoit unis :
Hélas ! dirai-je à ma mere
Ce que le tripon m'a pris ?

   Il m'aborda d'un air tendre
Et prit ma main doucement,
Je ne pus pas m'en deffendre,
Il me parut trop charmant ?
Loin de me mettre en colere,
Je raffurai mes efprits :
Hélas , &c.

   Il me dit que j'étois belle,
Que je charmois tous les cœurs ;
Le moyen d'être cruelle,
Quand on nous dit des douceurs,
Un Amant tendre & fincere

L

Mé-

Mérite-t-il des mépris:
Hélas! &c.

'Trop adorable Sylvie,
Me difoit-il tendrement;
Je ferai toute ma vie
Vôtre tres-fincere Amant,
Aimez-moi d'un cœur fincere,
Le mien en fera le prix:
Hélas! &c.

Je me trouvai fans défenfe
Contre fa naiffante ardeur,
Une longue réfiftance
Irrite trop un vainqueur;
En vain je fis la févere,
Mes regards m'avoient trahi:
Hélas! &c.

En ce moment interdite,
Il me parut plus charmant;
Je me trouble, il en profite,
Et m'embraffe tendrement;
Nous étions fur la fougere,
L'Amour nous avoit unis:
Hélas! dirai-je à ma mere
Ce que le fripon m'a pris?

F I N.

***

CHAN-

* * * * * * * * * * * * *

CHANSON NOUVELLE,

Sur l'air : *Des Pendus.*

L'Argent est un puissant secours,
  Pour réussir dans les amour,
En voulant faire une conquête,
Mais dedans les jeux d'amourettes
Faut faire jouer le grand ressort,
Tout ce qui reluit n'est pas or.

  Une Brunette de quinze ans,
Esperant faire choix d'Amant,
Assûroit sa fortune faite ;
Mais pour elle quelle triste emplette,
Il n'avoit pour tout que son corps,
Tout ce qui reluit n'est pas or.

  Un vieux Mari sur ses vieux jours,
Ne pouvant plus faire l'Amour,
Il prend une femme à la mode,
A son humeur il s'accommode,
Ne pouvant faire aucun effort :
Tout ce qui reluit n'est pas or.

  Amis, faut pour nous divertir,
Nous récréer avec plaisir,
Parlons un peu de ces coquettes
Coëffées avec leurs Bagnolettes,
L'apparence frappe d'abord,

L 2

Tout

Tout ce qui reluit n'eſt pas or.

Quand un jaloux entre chez lui,
Il trouve un grand nombre d'amis,
L'attendant la nape bien miſe,
Si-tôt il ſe mit en chemiſe ;
Les aſpirans s'en vont d'abord,
Tout ce qui reluit n'eſt pas or.

Un grand nombre de courtiſans
Veulent être traitez en Amans,
A preſent ce n'eſt plus de même,
Car ſouvent la beauté qui aime,
Ne lui fait voir aucun tranſport,
Tout ce qui reluit n'eſt pas or.

Une fille dans ſa beauté,
Voudroit toujours ſe conſerver,
Mais dans l'âge ſeptuagenaire
Elle voudroit bien encor plaire,
Mais malgré tous ſes vains efforts,
Tout ce qui reluit n'eſt pas or.

F I N.

CHANSON NOUVELLE,

Sur l'air : *Un inconnu pour vos charmes*
ſoûpire, &c.

O Jour heureux ! ô moment favorable !

La

La belle Iris vient d'exaucer mes vœux;
Depuis long-tems je ressentois mes feux,
Mais sens jamais en avoir fait l'aveu,
Le seul respect me rendoit miserable.

Mais elle vient d'écouter ma priere,
Sans y penser, son ordre m'est prescrit;
Heureux, hélas! si par mon foible esprit,
Je puis enfin me montrer très-soumis
Anx cheres loix d'une aimable Bergere.

Venez Sapho, venez Muse charmante,
Prenez vos luths, vos Flûtes & Hautbois,
Accordez-vous aux accens de ma voix,
La belle Iris vient d'exiger de moi
Une Chanson, mon ame est triomphante.

Que voulez-vous, belle Iris que je
chante ?
Est-ce l'Amour? ou bien est ce Bacchus?
Lequel des deux vous engage le plus?
Je me reprens, vrai portrait de Venus,
Vôtre beauté mérite qu'on la chante.

Vôtre œil brillant, vôtre bouche char-
mante,
Où les graces, & les jeux & les ris
Semblent vouloir se disputer le prix,
Me rend hélas! à vos ordres soumis,
Dans cet accord ma voix est dominante.

Pardonnez-moi si cet aveu vous choque,
Vous y avez vous même donné lieu;

 J'au-

J'aurois encor diffimulé mes feux,
Quoi que toujours fincere, & malheureux;
Mais je dis tout, lorfque l'on me provo-
        que.

FIN.

MUSETTE NOUVELLE.

A Nos voix
    Uniffons nos Hautbois,
Et nos Mufette,
Béniffons,
Dans nos Chanfons
Le fort dont nous jouiffons;
Nos retraites
Semblent faites
Pour nous rendre heureux,
Les plaifirs amoureux,
Les faveurs fecrettes
Irritent nos feux;
Tout comble nos vœux
Nos retraites
Semblent faites,
Pour nous rendre heureux,
Les plaifirs amoureux,
Les faveurs fecrettes,
Tout comble nos vœux.

Sans

Sans envie,
Sans jalousie,
Nous passons la vie,
Parmi les ris & les jeux
Nos retraites, &c.
Les allarmes,
Et les larmes,
Ont des charmes
Dans nos bois.
A nos voix, &c.
Nos beaux jours
Trop courts,
Nous en sçavons faire usage ;
Nous rions,
Chantons,
Folâtrons,
L'avantage en est bon.
Sur le jonc
Sur les herbettes
Nous allons
Contant fleurettes ;
Seulette en gardant nos moutons
Sans cesse nous jouissons
D'une douceur parfaite.
A nos voix, &c.

F I N.

* * * * * * * * * * * * *

CHANSON NOUVELLE,

Sur l'air : *Le joli jeu d'Amour, &c.*

LE don de notre cœur
Fait tout notre bonheur ;
Faut-il que nos Amans en profitent ?
Les rebutons-nous ?
Ils ont des transports si doux ;
Les écoutons nous ?
Ils nous quittent :
Le don de notre cœur
Fait tout notre bonheur,
Faut-il que nos Amans en profitent ?

Réponse.

N'hésitez point, Iris,
A me donner le prix
Que mérite une ardeur si sincere ;
J'aime tendrement,
Je suis fidel, constant,
Que faut-il pour vous plaire ?
N'hésitez point, Iris,
A me donner le prix
Que mérite une ardeur si sincere.
Le jolie jeu d'amour
N'a pas besoin du jour,
J'aime bien mieux la nuit,

Quand

Quand j'y songe ;
Tête-à-tête on dit
Avec son ami,
Vérité ou mensonge ;
Le joli jeu d'amour
N'a pas besoin du jour,
J'aime bien mieux la nuit
Quand j'y songe.

    La petite Manon,
M'en a fait la leçon,
Mais elle étoit en tout trop adroite ;
Et je la craignois
Par tout où j'allois,
Quand je la trouvois seulette :
La petite Manon,
M'en a fait la leçon ;
Mais elle étoit en tout trop adroite.

    Tout en étoit mignon,
De la tête aux talons,
Ah ! que j'étois heureux,
Quand j'y pense !
J'en étois amoureux,
Permettez grands Dieux
Que j'y rentre ;
Tout en étoit mignon,
De la tête aux talons,
Ah ! que j'étois heureux,
Quand j'y pense.

F I N.

CHAN-

* * * * * * * * * * * * * *

CHANSON NOUVELLE.

De la Comédie Italienne, du tour de Carnaval.

JE suis un bon Soldat, ti ta ta,
   Tout cede à mon courage ;
J'ai dans mon fourniment, pa ta pan,
De quoi faire ravage.
   Quand je vais au combat, ti ta ta,
Pour moi, c'est une fête,
Quand je monte à l'assaut, tôt tôt tôt,
Jamais rien ne m'arrête.
   Aussi-tôt que j'entens, pa ta pan,
La gloire m'êguillonne,
Et d'un air résolu, tu tu tu,
Sur l'ennemi je donne.
   Il a beau faire feu, ventre bleu,
Je ris de ses menaces,
S'il ne se rend d'abord, par la mort,
Je l'étends sur la place.
   Pour devenir vainqueurs, tendres cœurs,
Prenez-moi pour modele,
A grands coups de canon, pa ta pon,
Battez la Citadelle,
   Allez près d'un objet, vîte au fait,
Devenez témeraire,

Quand

Quand les dehors font pris, beribi,
La place ne tient gueres.

F I N.

CHANSON NOUVELLE,

De la Comédie Italienne.

LOrſque l'on met dans un ouvrage
   Quelque lueur de nouveauté,
C'eſt un glorieux avantage,
Mais c'eſt-là la difficulté :
Dans ce tems on ne fait autre choſe,
Que de donner au vieux un autre habit
   En vers, en proſe,
Tout eſt dit.
   Tant qu'un jeune galand déſire,
A la beauté qui le ravit
Il a mille choſes à lui dire,
Son diſcours jamais ne finit,
Mais dès qu'il a ſigné certaine clauſe,
Des jolis mots la ſource ſe tarit
   La bouche eſt clauſe,
Tout eſt dit.
   Tant qu'un Clien a des eſpeces,
Et qu'il fournit à tant de frais,
On entaſſe pieces ſur pieces,
Pour éternifer le procès :

Mais

Mais quand l'argent ne vient point à
    mesure :
Adieu Factum , Requête , Contredit,
    Plus d'écriture,
Tout est dit.

    Quand votre fille devient grande,
Mere, ne la quittez jamais,
C'est un soin que je recommande
Contre mes propres interêts ;
Craignez qu'Amour près d'elle ne s'arrefte
Jamais ce Dieu n'est long dans son récit ,
    Tournez la tête,
Tout est dit.

    Ne voyagez plus à Cythere,
Galands, qui paffez cinquante ans,
Il faut laiffer cette carriere
A ceux qui font dans leur printems,
Lorfque pourvoir il vous faut des befícles
Et qu'en marchant, un bâton vous conduit
    Mauvais articles,
Tout est dit.

    Vous vous trompez dans votre attente
Vous qui pour goûter le plaisir
De voir une femme igorante,
Au Village allez la choisir,
La comme ici , mainte objet est précoce,
Et Cupidon , fi jeune les inftruit,
    Qu'avant la nôce,
Tout est dit.

On

On dit que du tems de nos peres
Les jeunes gens fçavent parler,
Ceux d'aprefent n'en tiennent gueres,
Leur langage nous fait bailler,
Quand ils ont dit deux couplets fur l'allure
Et bien parlé de fpectacles, d'habits,
        Et de frifure,
Tout eft dit.
        Si tant d'Epoux ont des aigrettes ;
En voici je crois la raifon,
Nos Galands dans les amourettes
Paffent leur brillante faifon,
Quand ils font vieux l'hymen leur fait
        envie,
Ils font achapt d'un morceau d'appetit,
        Mais c'eft folie,
Tout eft dit.
        Filles qui craignez le dommage,
Que les Amans peuvent caufer,
Réfiftez au premier langage
Dont on tâche â vous amufer,
Si vous tardez votre péril redouble ;
De fon flambeau l'amour vous éblouïr,
        Quand l'œil eft trouble,
Tout eft dit.

F I N.

         CHAN-

* * * * * * * * * * *

CHANSON NOUVELLE.

Sur un Air nouveau.

QUelle liqueur est plus vermeille,
Que le Nectar de ma bouteille?
C'est un crime d'y mettre de l'eau ;
Rien n'est si beau.
Quand on en bout, sa douce flâme
Chatouille jusqu'au fond de l'ame,
Mes amis faites-moi raison ;
Rien n'est si bon.
Ah ! que ma Climene est charmante,
Sa beauté naïve & touchante,
Surpasse tout l'art du pinceau ;
Rien n'est si beau.
Mais ce qui la rend adorable,
C'est son humeur toujours aimable,
Elle est plus douce qu'un mouton ;
Rien n'est si bon.
Tout est charmant à cette table,
Mais notre hôtesse incomparable,
En est le plus friand morceau ;
Rien n'est si beau.
De mille attraits elle assaisonne
Les mets exquis qu'elle nous donne,
Avec.

Avec elle on eſt ſans façon ;
    Rien n'eſt ſi bon.

Jeunes Amans qui voulez plaire,
C'eſt peu d'un cœur tendre & ſincere ;
Joignez-y ſouvent le cadeau,
    Rien n'eſt ſi beau.

Il faut donner, ſi l'on veut prendre ;
C'eſt par-là qu'on ſe fait entendre,
Et pour amorcer un tendron,
    Rien n'eſt ſi bon.

Vive le Dieu de la Richeſſe
Pour ébloüir une Maîtreſſe,
Non l'Amour avec ſon flambeau
    N'eſt pas ſi beau.

Sans art, ſans eſprit, ſans tendreſſe,
Il vient à bout d'une Tygreſſe ;
Non, tout le ſçavoir d'Apollon
    N'eſt pas ſi bon.

Jeune Beauté qui voulez rendre
Un cœur toujours ſoumis & tendre,
Aujourd'hui c'eſt du fruit nouveau ;
    Rien n'eſt ſi beau :

En marchant dans la tendre lice,
Gardez que le pied ne vous gliſſe,
Retenez bien cette leçon,
    Rien n'eſt ſi bon.

Maris voulez-vous que vos Femmes
Vous conſervent toujours leur flâme,
Et qu'aucun n'eſt part au gâteau,
          Rien

Rien n'eſt ſi beau.
Par une douce complaiſance
Excitez-les à la conſtance,
Pour les ranger à la raiſon
Rien n'eſt ſi bon.

Un Amant pour fléchir ſa Belle
Lui jure une flâme éternelle,
Qui doit brûler juſqu'au tombeau,
Rien n'eſt ſi beau.

Mais hélas ce trompeur la quitte,
Comme Jaſon il prend la fuite
Dès qu'il a conquis la Toiſon,
Ce n'eſt pas bon.

D'un Epoux l'humeur eſt gentille
Quand il quitte ſon domicile,
Il eſt galant & Damoiſeau,
Rien n'eſt ſi beau :

Mais chez lui toujours il murmure,
Toujours gronde, toujours cenſure
Hélas! comment l'aimeroit-t'on?
Rien n'eſt ſi bon.

Avant les nœuds du Mariage,
Une fillette douce & ſage
Rougit à l'aſpect d'un chapeau,
Rien n'eſt ſi beau ;

Dès que le contrat eſt en forme,
En démon l'Ange ſe transforme,
Et la brebis devient dragon,
Ce n'eſt pas bon.

Une

Une Agnès qui ſort de la grille
Platte un mari d'un ſort tranquille,
De la vertu c'eſt un tableau,
Rien n'eſt ſi beau.
Mais ſouvent c'eſt là plus habile
A tromper un Epoux docile,
Et pour en faire un Acteon,
Rien n'eſt ſi bon.
D'un Barbon l'épouſe prudente
Se déſole quand il s'abſente,
Ses pleurs coulent comme un ruiſſeau :
Rien n'eſt ſi beau :
Elle en conçoit tant de triſteſſe,
Qu'on la voit tomber de foibleſſe
Entre les bras d'un Celadon,
Rien n'eſt ſi bon.

F I N.

CHANSON NOUVELLE,

Sur l'air : *De l'Oublieux.*

JE laiſſe à la fortune
Mâts, voile, & gallon,
Tandis qu'au clair de lune
Je cherche Marion,

La trouvant toute nuë,
Au milieu de la ruë,
J'en eus pitié d'Hyver,
Crainte de la froidure,
Je lui donnai fourrure
Et la mis à couvert.

Je vis le pays Maure
Dès le commencement,
Je passai le Bosphore
Fort cavaliérement,
Touchant la forteresse,
Et m'y trouvant en presse
Entre deux Matelots,
Perdis la tramontane,
Je dansai la Pavane
Et me mocquai des flots.

Expert en pilotage,
Je me remis en mer.
Tendis mâts & cordages
Commençai à voguer,
Je fis si beau voyage
Qu'au milieu du naufrage
L'on me vit revenir,
Dessous la même toile
Qui me servit de voile
Quand on me vit partir.

Je vous aime, la belle,
Vous ne le sçavez pas;
Je suis aussi fidele

Què vous avez d'appas ;
Eprouvez ma tendresse,
Vous êtes ma Maîtresse,
Unissons-nous tous deux,
Permettez que ma flâme
Se glisse dans votre ame
Pour nous unir tous deux.

    Je te veux bien que ta flâme ;
Pour allumer mes feux
Se glisse dans mon ame
Pour nous unir tous deux,
Pourvû que mon attente
Me rende bien contente
Je te promets, Amant,
Que toujours ta maîtresse
S'occupera sans cesse
A te rendre content.

    Reçois donc sur ta bouche
De ces baisers si doux,
Fais que ton sein je touche
Malgré tous les jaloux,
Mais mon amour l'emporte,
Je vais ouvrir la porte
De l'Isle de l'Amour,
Il faut que je l'enfonce,
Et que malgré les ronces
Je fasse quelque tour.

    Votre vaisseau, la belle,
Est un vaisseau sans mât,

Ne

Ne soyez point cruelle
L'on vous en plantera ;
Ma science est profonde,
Et quelque vent qui gronde,
Bien vous garantira
De faire aucun naufrage,
Si dans un long voyage
Vous redressez son mât.

   Je suis fort bon drille,
Et j'aime constamment
Mais je veux qu'une fille
M'aime aussi tendrement :
Quand par un air severe,
Elle fait trop la fiere,
J'abandonne ses loix,
Et sans aucun mystere
Je l'envoye bien-tôt faire
Un autre Amant que moi.

FIN.

AUTRE.

Pour un doux baiser aimable Bergere,
  Je prendrai le soin de garder vos
      moutons,
Vous pouvez aller dessus la fougere,
Chanter vos chansons aux charmans échos
            Et

Et fi ce marché vous pouvoit plaire,
Je prendrai le foin de garder vos troupeaux.
   Je ne veux de vous, Bergere, point de
       grace,
Gardez vos moutons, je garderai les
      miens,
Si j'étois Berger & vous en ma place,
J'aurois déja pris mille baifers pour rien,
Vous marchandez trop, le tems fe paffe,
Gardez vos moutons, je garderai les
      miens.

F I N.

MENUET ITALIEN.

JEroboam
  D'Hifpaham
Fit venir Priam
A Rottherdam,
Et dans Syam
Abraham
Joüoit à fon dam,
Un dez mal-encontreux
Traverfoit fes vœux,
Un filoux boiteux
Tiroit les enjeux,
Et fes écus vieux
Partoient deux à deux,

Hé-

Hélas! quel fort plus malheureux.
    Quand tout à coup un Lutin
        Mutin
Portant dans un mane quin
        Tarquain,
Sans épargner Gaillardin,
Lui envoye cent écus Sterlin ;
Mais aussi tôt le Tonnerre
Vengea bien les Cieux & la Terre,
Car dessus un Strapontin
        Un petit Orphelin
Mangea le Craquelin.
    Quittez Amphion, votre Guitthare,
Et chantez ez, ez, ez, comme un Coq ;
        Que Pindare
Nous entonne en Becarre,
Ce qu'à Maroc,
Sans tintamarre,
Dom Roc
Parle froc,
Dit en vuidant son broc
Brelic breloc.

F I N.

**
*

CHAN-

* * * * * * * * * * * * * * * *

CHANSON NOUVELLE.

Sur l'air : *Affis fur l'herbette.*

Heureufe innocence,
Pure & douce paix,
Chere indiférence,
Où font vos attraits,
En vain par mes larmes
Mon cœur nuit & jour,
Rapelle vos charmes,
Perdus fans retour.
    Près d'une fontaine
Sous un fombre ormeau
J'allois dans la plaine
Garder mon troupeau,
J'ai toujóurs fuivie
D'innocens plaifirs,
Je paffois ma vie
Dans d'heureux loifirs.
    Fatale journée
Funefte moment
Où la deftinée
M'offrit un amant,
J'eus beau m'en deffendre,
Pour fauver mon cœur,

Mon

Mon cœur étoit tendre,
L'Amour fut vainqueur.

   Un loup plein de rage
Sortant du hameau,
Alloit de carnage
Remplir mon troupeau ;
Quand je vis paroître
Un jeune Berger,
Qui sans me connoître
Courût me venger.

   Le loup par la fuite,
Evita la mort,
Que n'ai-je à sa suite
Hazardé mon sort,
J'aurois moins à craindre
Qu'avec ce Berger,
Ah ! qu'on est à plaindre
Dans un beau danger.

   D'un air tout de flame
Tircis vint à moi,
De loin dans mon ame
Il jetta l'effroi ;
Mais trop indiscrette
Quand je le vis mieux,
Je lus ma défaite
Ecrite en ses yeux.

   Ma vertu rigide
En vain résista,
Sa bouche perfide

Me déconforta,
Je lui parus belle,
Il vint me flater,
Je le crus fidele,
J'osai l'écouter.

    J'étois si novice
A ce qu'il disoit,
Sous tant d'artifice
Il se déguisoit,
Qu'il sçût me convaincre,
Dès le premier jour,
Que l'on ne peut vaincre
Un premier amour.

    Qu'ils sont agréables
Les commencemens,
Qu'ils seroient aimables,
S'ils duroient long-tems,
Mais l'onde qui roule
Ses flots à grand bruit,
Moins promtement coule,
Moins vite s'enfuit.

    A peine la joie
Naissoit dans mon cœur,
Que je fus la proye
D'un affreux malheur,
Grand Dieux quel outrage
A mes tendres feux,
Tircis fut volage,
Aussi-tôt qu'heureux.

M

Tu

Tu vois dars la plaine,
Mon Troupeau couché,
Qui reſſent la peine
Dont je ſuis touché,
Berger peu ſincere,
Qui ſçait tout charmer,
Pourquoi ſçais-tu plaire,
Sans ſçavoir aimer.

F I N.

CHANSON NOUVELLE,

Sur un Air nouveau.

PAr un matin au point du jour,
   Ta la la, la la la, la la, la la, la la,
J'ai entendu chanter l'Amour
Par une Paſtourelle :
Les petits Oiſeaux d'alentour,
S'aſſembloient auprès d'elle.
   Sans craindre ces petits Oiſeaux,
Ta la la, &c.
Je m'avançai ſous ces ormeaux
A l'ombre des feuillages,
Je fus tout charmé en un mot
De ce charmant viſage.
   Voyant cette jeune beauté,
Ta la la, &c.

Je

Je fenti mon cœur enflâmé,
D'une flâme immortelle,
Je m'approchai pour careffer
Cette charmante belle.
   Je pofai ma main fur fon fein,
Ta la la, &c.
En lui difant jolie Catin
Tes beaux yeux pleins de charmes,
M'ont fait venir de grand matin
Pour te rendre les armes.
   La belle me dit d'un air doux,
Ta la la, &c.
Petit badin retirez-vous,
Je fuis fille pucelle,
Quoique mon Berger foit jaloux,
Je lui ferai fidelle.
   Un Berger jaloux en aimant,
Ta la la, &c.
Eft auffi changeant que le vent,
Je ne fuis pas de même,
Quand j'aime, j'aime conftamment,
Mon amour eft extrême.
   Retirez-vous fans differer,
Ta la la, &c.
Ne méprifez pas mon Berger
il à de la tendreffe,
Croyez-vous venir amufer
Sa très-chere Maîtreffe.
   Je vois que j'ai perdu mon tems,

Ta la la , &c.
Qui refuse, muze souvent,
Apprens de moi cruelle,
Que l'amour fournit en tous tems
Des fleurettes nouvelles.

F I N.

CHANSON NOUVELLE.

Sur l'air : *Réveillez-vous belle endormie.*

PEut-tu douter de mon martyre ?
  J'en ai fait retentir les bois :
L'Echo qui dans ces lieux soûpire,
Te l'a dit plus de mille fois.
  Tout gémit ici de mes peines,
Les Oiseaux chantent mes malheurs :
Le Ruisseau qui coule en ces plaines,
Ne s'est grossy que de mes pleurs.
  On voit le long de la Prairie,
Mes Moutons sans guide paissant :
Mon peu de soin dit à Sylvîe
Tous les maux que mon cœur ressent.
  Hélas ma douleur est mortelle,
Il est tems de me secourir :
Quoi ! faute de m'aimer, cruelle,
-Pourras-tu me laisser mourir ?

F I N.

CHAN-

* * * * * * * * * * * * *

CHANSON NOUVELLE,

Air d'Opera.

LA Bergere que je fers,
Ne fçait rien de mon martyre,
Et par mille foins divers,
Je tâche de l'en inftruire :
Nuit & jour dedans fes fers
Je languis & je foûpire ;
Mais enfin je fuis amoureux,
C'eft affez pour être heureux.

    On a prîs de mon Troupeau,
De mes Brebis la plus belle ;
J'ai brifé mon Chalumeau :
J'ai perdu mon Chien fidele ;
Des Bergeres du Hameau,
J'ay choifi la plus cruelle ;
Mais enfin je fuis amoureux,
C'eft affez pour être heureux.

    D'une fi rare Beauté
Je porte & chéris les chaînes,
Elle paffe en cruauté,
Même les plus inhumaines ;
J'ai des Rivaux quantité,
Rivaux, jaloux de mes peines ;
Mais enfin j'en fuis amoureux,

M 3

C'eft

C'eſt aſſez pour être heureux.
  Dieux ! qui pourroit concevoir
Combien ma peine eſt cruelle ?
Quand je ceſſe de la voir
Ma douleur devient mortelle,
Je l'aime ſans nul eſpoir
Je ſuis hay, quoique fidele ;
Mais enfin je ſuis amoureux,
C'eſt aſſez pour être heureux.
  Mon cœur toujours malheureux
Craint ſes yeux & leur puiſſance,
Pour fuïr un ſort rigoureux
J'éviterois ſa preſence,
Elle peut flatter mes vœux
De quelque douce eſperance :
Car enfin je ſuis amoureux,
C'eſt aſſez pour être heureux.

Autres Couplets : ſur le même Air

  Profitez mieux des talens
Que la Nature vous donne,
Avec des yeux à charmans
Vous ne regardez perſonne ;
Une foule de galants
En tous lieux vous environne ;
Parmi tant de gens amoureux,
N'en faites-vous point d'heureux ?
  Je ne vous vis qn'un moment,
Et depuis ce badinage

Je

Je foûpire inceffamment,
Je ne me fens plus volage,
Vous caufez ce changement :
Mais avant que je m'engage,
Si de vous je fuis amoureux,
Dites-moi, ferai-je heureux ?

Votre efprit paroit charmant,
Je ne fçaurois m'en deffendre :
Si je voulois un Amant,
C'eft vous que je voudrois prendre ;
Aimeriez-vous conftamment ?
Ah c'eft-là mon endroit tendre ?
Rien pour moi n'eft plus dangereux,
Qu'un Amant bien amoureux.

FIN.

BRUNETTES.

L'Autre jour ma Cloris,
Pour qui mon cœur foûpire,
Avec un doux fouris,
s'En vint tout bas me dire;
Mon Berger, mes amours,
M'aimerez-vous toûjours ?

De mon cruel tourment
Je venois de l'inftruire,
Ce fut dans ce moment,
Que je l'entendis dire,

Mon

Mon Berger, mes amours,
Je t'aimerai toujours.

Le jour qu'elle parrit,
Dieux, qu'elle avoit de charmes !
Cette Belle me dit,
Les yeux baignez de larmes,
Mon Berger, mes amours,
Je t'aimerai toujours.

Eloignez de tes yeux,
Je languis, je soûpire :
Je te cherche en tous lieux,
Et voudrois bien te dire ;
Ma Cloris, mes amours
Je t'amerai toujours.

Quoiqu'absent, chaque jour
Mon cœur sent qu'il t'adore :
Quand ma bouche à son tour
Te dira-t'elle encore ;
Ma Cloris, mes amours,
Je t'aimerai toujours.

F I N.

CHAN-

* * * * * * * * * * * *

CHANSON NOUVELLE.

De la Comedie Italienne.

Qu'une belle en même tems
Souffre cinq ou galands,
C'est le monde à l'ordinaire,
Mais que d'un seul trait blessé
Son cœur n'ait qu'un locataire,
C'est le monde renversé.
    Qu'on voye un petit Collet
En public sage, discret,
C'est le monde à l'ordinaire,
Qu'il garde son air pincé
En secret chez la Lingere,
C'est le monde renversé.
    Qu'en mourant on charge un fils
De rendre un bien mal acquis,
C'est le monde à l'ordinaire
Mais qu'aux loix du Trepassé
Le fils songe à satisfaire,
C'est le monde renversé.
    Que quand on veut s'épouser
On sçache se déguiser,
C'est le monde à l'ordinaire,
Qu'après l'oui prononcé,

M 5   On

On daigne ſe contrefaire,
C'eſt le monde renverſé.

F I N.

CHANSON NOUVELLE,

RONDEAU.

Dans l'Iſle de Cythere,
   Bacchus de vient s'etablir,
Cupidon & ſa mere
Veulent bien l'y ſouffrir,
Ils ſont d'intelligence,
Eſt-il rien de plus doux?
Chantons de ces Dieux la puiſſance,
Qu'ils regnent ſans ceſſe ſur nous.
   Quelle galante fête,
L'Amour y tient ſa Cour:
Bacchus à ſa conquête
Vient aider en ce jour,
Ils ſont, &c.
   Goutons donc l'allegreſſe
Dans ce joyeux feſtin,
Le Dieu de la tendreſſe,
S'unit au Dieu du vin,
Ils ſont, &c.
   Ne fuïons point l'empire
Du plus charmant des Dieux,

A tout

A tout ce qui respire,
Il fait sentir ses fœux,
Chassons l'indifference,
L'Amour comble nos vœux,
Cédons à l'aimable puissance,
Qui n'offre que ris & que jeux
    Buvons tous à la ronde
Livrons nous aux plaisirs,
Puisqu'ici tout seconde,
De Folâtres désirs :
Chassons, &c.

    Que chacun à sa belle,
Dérobe un doux baiser,
Point ici de cruelle,
Que veuille refuser :
Chassons, &c.

    Poursuivons une guerre,
Qui n'a que des appas :
Liberté toute entiere
Dans ce charmant repas,
Au plus doux des misteres,
Abandonnons nos cœurs,
Au milieu des pots & des verres,
Amour prodigue tes faveurs.

    Banissons les allarmes,
Qu'inspire la raison,
Belles aux tendres charmes
Rendez-vous sans façon,
Aux plus doux, &c.

M 6

L'im-

L'importune critique,
N'a point ici d'accès :
Nous pourrons donc sans risque
Contenter nos souhaits,
Aux plus doux, &c.

FIN.

RONDE DE TABLE.

QU'Amour & Bacchus ensemble
S'unissent dans ces repas,
Heureux sont ceux que rassemble
Un accord si plein d'appas.
  Dans la liqueur delectable,
L'Amour nage en liberté :
Bacchus d'un objet aimable,
Sçait vaincre la cruauté,
  Amour montre ta puissance
A qui ne veux pas aimer,
Par une douce vengeance,
Viens à bout l'enflamer.
  Bacchus aide à la victoire,
Qu'Amour désire en ce jour :
Tu feras briller ta gloire,
En faisant regner l'Amour.
  Triomphe Dieu de Cythere,
D'Iris triomphe à l'instant :

Trem-

Trempe tes traits dans son verre,
Qu'elle s'en blesse en bûvant.
    Dans vos yeux beauté charmante,
Puis-je lire mon bonheur,
Le Dieu qui pour vous m'enchante,
Est jaloux de votre cœur.
    Que chacun à cette table
Boive à la santé d'Iris,
Que cet objet adorable
D'amour soit enfin épris.
    Vive, vive l'allegresse,
Qui s'empare de nos cœurs;
Dans le vin & la tendresse
Nous trouvons mille douceurs.

F I N.

CHANSON NOUVELLE,

Couplets contraires de la précedente.

Vive, vive l'allegresse,
    Que Bacchus met dans les cœurs;
Chers Amis dans la tendresse,
Trouve-t-on tant de douceur.
    L'Amour n'a que des allarmes,
Qu'il reprenne son Iris,
Bacchus qui n'a que des charmes
Doit triompher de Cypris.

Que

Que chacun à cette table,
Chasse l'Amour de son cœur,
Noïons ce Dieu redoutable,
Dans la bachique liqueur.

F I N.

A U T R E.

Le Buveur.

QUe chacun boive à ce qu'il aime,
Rions chantons & bûvons bien,
Pour moi je bois au bon vin même :
Voilà mon couplet, dis le tien.

L'Amant.

Je ne bois qu'à mon Isabelle,
Sans qui je ne puis aimer rien ;
Le bon vin n'est pas bon sans elle ;
Voilà, &c.

L'Amante.

Damon m'a prouvé sa tendresse,
Avec lui, puisqu'il m'aime bien ;
Je dois craindre plus d'une yvresse :
Voilà, &c.

Le

Le Mari.

Célébrons mon épouse Hortense,
Malgré le conjugal lien,
Amis je bois à son absence :
Voilà, &c.

L'Epouse ou l'Amante picquée.

Et moy je vais boire à mon traître,
De lui j'attendois tout mon bien,
En inconstance il est le maître :
Voilà, &c.

L'Amant heureux.

Je ne m'enyvre qu'à la gloire
De Cloris qui fait tout mon bien,
Nous nous aimons, elle sçait boire :
Voilà, &c.

Le Petit Maître.

C'est à ma derniere Maîtresse,
Je ne la rapelle pas bien ;
Je n'en choisis que dans l'yvresse :
Voilà, &c.

Le Buveur.

Pour moi dans cette douce guerre,
L'ami du bon vin est le mien,

Je

Je bois à qui remplit mon verre :
Voici, &c.

La petite Fille.

Quoique je fois petite fille,
Le bon vin me plaît déja bien,
Plus j'en bois & plus je babille :
Voilà, &c.

F I N.

CHANSON NOUVELLE,

Sur l'air : *Contre un engagement.*

DAns un bois l'autre jour,
Dormoit la jeune Annette,
Lorſque le tendre Amour,
L'appercevant ſeulette,
Lui vôla ſa houlette,
Profitant du moment,
La cacha ſous l'herbette,
Et s'en fut à l'inſtant.
Tircis ſurvint après,
Dans le même bocage,
Pour y prendre le frais,
Et ſe mettre â l'ombrage ;
O ! rencontre agreable,
Pour un fidel Amant,
Dans ce réduit aimable,

Que

Que Tircis fut content.
　Qu'il goûta de plaisirs,
Quand il vit sa Bergere,
L'objet de ses desirs,
Pour lui quel doux mistere,
Mais sur cette entrefaite,
Annette s'eveilla,
Se voyant sans houlette,
Brusquement le quitta.
　Tircis voulut en vain,
Calmer sa violence,
Annette avec dedain,
Ecouta sa défense,
Lui dit d'un ton severe,
Trop inconstant Berger,
Evite ma colere,
Songe à te retirer.
　Oses-tu me parler,
Me faire un tel outrage,
Est ce pour m'irriter,
Amant ingrat, volage,
Tu m'as pris ma houlette,
Tu m'as volé mon cœur,
Ton ame est satisfaite,
En troublant mon bonheur.
　Sont-ce là les sermens
Que tu me fais sans cesse?
Par tes discours méchans,
Tu trompes ma foiblesse:

Va

Va rends-moi ma houlette,
Ou perds le souvenir,
De la trop tendre Annette,
Repens-toi à loisir.

Que je suis malheureux !
Que mon sort est à plaindre,
J'en attefte les Dieux,
Ah ! je n'ai rien à craindre
Cesse Annette ta plainte,
Cesse de m'infulter,
Mon amour est sans feïnte,
Tu le peux éprouver.

Annette le laiffoit,
Sans le vouloir entendre,
L'Amour qui les voyoit,
Accourut le deffendre,
Lui rendit sa houlette ;
Si-tôt la confola :
Cette aimable fillette
A Tircis pardonna.

C'eft ainfi que l'amour
Caufe de la trifteffe :
Il fe rit dans fa cour,
D'amant & de maîtreffe :
Fuïez, fuïez fillette,
Ces traits empoifonnez,
N'imitez pas Annette ;
Fuïez les lieux cachez.

F I N.

CHAN-

* * * * * * * * * * * * * * * * *

CHANSON NOUVELLE,

Sur l'air : *Je ne veux plus sortir de mon*
Caveau.

CHer ami, chassé-moi ces Médecins,
Qui de nos maux se font une nourrice,
Quand une fois l'on s'est mis dans leurs
mains,
On n'en peut pas sortir le lendemain :
Je sçai un remede bien souverain,
Tu peux en croire à mon experience,
Pour être sûr de guerir, cher voisin,
C'est un secret des plus divins.

Pour te donner un plein soulagement,
En peu de mots en voici la recette,
Prends deux brocs de fin jus de serment,
Peut-on voir un plus doux médicament
En humecter son gosier chaque instant,
Que de gens voudroient toujours être
malades,
Note qu'il faut en boire frequemment,
Pour en sentir l'effet charmant.

Et pour marque que je suis ton ami,
Et que le remede est efficace,
Si tu soupçonnes que l'on t'aie trahi,
Voisin tu ne le feras qu'à demi,

Fais

Fais en goûter à ton vieux Medecin,
Il dira qu'il n'y a ni féné, ni caffe,
Qui puiffe faire un fi charmant effet
Pour guerir, que ce beau fecret.

F I N.

CHANSON NOUVELLE,

Sur un Air nouveau.

I.

MArs & l'Amour en tous lieux
Sçavent triompher tous deux :
  Voilà la reffemblance :
L'un regne par la fureur,
Et l'autre par la douceur,
  Voilà la diffèrence.

2.

Le Voleur & le Tailleur,
Du bien d'autrui font le leur,
  Voilà la reffemblance :
L'un vole en nous dépouillant,
Et l'autre en nous habillant,
  Voilà la difference.

3.

Le Poëte & le Guerrier,
Tous deux gagnent le Laurier,
  Voilà la reffemblance ;
Le Poëte en produifant,

Le

Le Guerrier en détruifant,
Voilà la difference.

4.

La Cornette & le Chapeau,
Tous deux font prés du cerveau,
Voilà la reffemblance :
Sous l'une, eft l'efprit malin,
Sous l'autre un fot, un Vulcain,
Voilà la difference.

5.

L'Amourette & le Procès,
Tous deux caufent bien des frais,
Voilà la reffemblance :
Dans l'un on gagne en perdant,
Dans l'autre on perd en gagnant,
Voilà la difference.

6.

Horloge & femme ont befoin
Pour les regler, d'un grand foin,
Voilà la reffemblance :
L'une s'arrête en chemin,
Et l'autre va d'un grand train,
Voilà la difference.

7.

Le Plumet & le Traiçant,
Nous en comptent fort fouvent,
Voilà la reffemblance :
L'un nous compte des *rebus*,
L'autre compte des écus,

Voilà

Voilà la difference.

8.

Clitandre se plaint d'Iris,
Damon se plaint de Lays,
   Voilà la ressemblance :
L'un murmure des rigueurs,
L'autre gémit des faveurs,
   Voilà la difference.

9.

Le Laboureur & l'Amant,
Tous deux cultivent leur champ,
   Voilà la ressemblance :
L'un rit au bout de neuf mois,
Mais l'autre s'en mord les doigts,
   Voilà la difference.

10.

Belle femme & bon mari
Font aisément un ami,
   Voilà la ressemblance :
L'une en se servant des yeux,
L'autre en les fermant tous deux,
   Voilà la difference.

11.

Medor fut tendre & constant,
Pour moi je le suis autant,
   Voilà la ressemblance :
On répondit a ses vœux,
Moi, j'aime sans être heureux,
   Voilà la difference.

12. Le

12.

Le Chasseur & l'Amoureux,
Battent le buisson tous deux,
    Voilà la ressemblance :
Bien souvent les taillis
L'un attrape & l'autre est pris,
    Voila la différence.

13.

Un rien détruit une fleur,
Un rien fait perir l'honneur,
    Voilà la ressemblance :
La fleur peut renaître un jour,
L'honneur se perd sans retour :
    Voilà la différence.

FIN.

CHANSON NOUVELLE,

Sur l'air : *Que n'hazardez tu, Berger,*
    quelque chose, &c

1.

Viens mon cher ami Tirsis, sur
        l'herbette,
Viens près de moi t'asseoir sur le gazon,
Ne donne pas tes soins à ta muzette,
D'autres pour toi ; sont bien plus de
        saison ;

L'om-

L'ombre des bois, & ta Lisette,
Te donneront de plus douces leçons.

2.

Viens reveiller les plaisirs, la tendresse,
C'est trop long-tems qu'ils dorment en
     ces lieux,
Troublons le cours de leurs triste paresse,
Par nos soûpirs, nos transports amou-
     reux,
Viens, mon berger, la charmante al-
     legresse,   [heureux.
Vient nous montrer comme il faut être

3.

Tu n'écoutes point mes vœux, quoi
     perfide,   (choix,
Soupires - tu pour quelque nouveau
Ou bien ton cœur seroit-il trop timide,
N'oseroit-il s'engager dans ce bois?
Ah ! viens Tirsis, l'amour sera ton
     guide,
Pour te le dire, il emprunte ma voix.

4.

Je veux sur de nouveaux tons que tu
     chante,
Les doux plaisirs que goûtent les amans,
Et les transports d'une fidele amante,
Sa douce peine, ses ravissemens,
Et que ton ame chaque jour ressente
Tous les appas de nos jeux innocens.

5. Ten-

5.

Tendre berger, tes soins sont peu de
   chose,
Que sert-il d'aimer si constamment ?
Il faut cueillir les fleurs qui sont écloses,
Et si l'on passe cet heureux moment,
Le tems qui fuit fait leurs metamor-
   phoses,
Et l'on n'en tire aucun contentement.

F I N.

MENUET NOUVEAU.

QUant un amant
   Est charmant,
Et qu'il nous en conte joliment,
Il connoît mieux
Dans nos yeux
Le moment heureux ;
Mais un mari futur
A toujours l'air dur,
Il fait le fâcheux,
Il est ennuyeux,
Et son œil chagrin
Semble prévoir la fin de son destin.

F I N.

N

ME

* * * * * * * * * * * * *

MENUET DE LA PUPILLE.

SOrtez d'embarras
Jeunes Fillettes ,
Sans être indiscrettes,
Faites briller vos appas ,
Le modeste Amant
Sçait comment
On s'explique,
Quand sa Rethorique peint ses feux,
Ayez la replique
Dans vos yeux.
    Mon timide amant
Toujours soûpire,
Et de son martyre ,
Il se plaint à chaque instant,
Ses yeux languissans sont touchants,
Je suis tendre,
Mon cœur ma va se rendre,
Ah ! je le sens,
S'il ose entreprendre
J'y consens.
    Mon berger constant
M'est fort fidele,
Il me renouvelle
A tous momens ses sermens;
Son air soûpirant

Dans

Dans l'inftant
Me rend tendre,
Il peut tout attendre de mon cœur,
Mais lui dois-je apprendre
Son bonheur?

 Jadis un tendron
Etoit farouche,
Jamais dans fa bouche
L'amour ne trouvoit fon nom,
L'amour outragé
A changé
La methode,
Mais elle incommode votre ardeur:
Mettons à la mode
La pudeur.

 Dans ce bois charmant
Mon cher Lifandre,
Devoit bien fe rendre
A mes vœux plus promptement,
Se peut-il qu'un fidele amant
Faffe attendre,
Ah! pour un cœur tendre
Quel tourment!
Amour, fais lui prendre
Le moment.

 Ce retardement
Me dit fans ceffe,
Que de ma tendreffe
On craint le feu violent;

He-

Helas ! ce n'eſt plus l'inconſtant
Qui m'entraîne,
Briſons notre chaîne,
Sa froideur
Triomphe ſans peine
De mon cœur.

Mais, que vois je, ô Dieux ?
Oh ! c'eſt lui-même,
Le berger que j'aime,
Vient me trouver en ces lieux,
L'amour qui paroît en ſes yeux
Me devore,
Que je brûle encore
De ſes feux ;
Amant que j'adore,
Sois heureux.

J'aime ma Catin,
Mais ſa tendreſſe
Ne vaut pas l'ivreſſe
Que Bacchus cauſe en mon ſein,
Je ris du tourment
D'un amant
Qui ſoûpire,
Son air me fait rire, que Bacchus
Calme ton martyre,
Par ſon jus.

La jeune Fanchon
Fait l'ignorante,
Mais elle eſt ſçavante

Seu-

Seulette avec Corydon,
Hier dans un coin
Sans témoin,
La friponne
Des biens qu'amour donne fit essay,
De Dieu les couronne
En secret.

    L'amour n'a jamais
Trouble ma vie,
Mais j'ai vû Sylvie,
Et je cede à tant d'attraits;
Esprit seduisant,
Teint charmant,
Port de Reine,
Ah! la douce chaine, quand un cœur
Trouve dans sa peine
Son bonheur

    La timidité
Peint sa tendresse,
Sa delicatesse
Dresse un temple à la beauté,
Un foible regard
Plus que l'art
A ses charmes,
Un soûpir de sarme la rigueur,
Souvent une larme
Rend vainqueur.

    Vous, objet charmant,
Seul que j'adore,

Pour-

Pourquoi faire encore
Refus de moi pour amant?
Moi, qui de tout tems
Fut conſtant,
Quel partage!
C'eſt un eſclavage d'être amant,
Que tu es volage,
Cher enfant.
　Ne me quittes pas,
Je ſuis bien aiſe
De tevoir Thereſe
Au milieu de tes appas,
Quoi, tu veux quitter
Ton berger,
Oui ſans doute,
Voilà mon parti pris, laiſſe-moi,
Prends une autre route
A ton choix.
　Amans, les plaiſirs
Sont à Cythere,
Mais le doux myſtere
N'y conduit pas ſans ſoûpirs;
On doit s'embarquer
Sans riſquer
Le voyage!
Qui craint le naufrage jusqu'au port,
Trouve le rivage
Sans effort.
　Que ce jeune époux

Qu'on

Qu'on me deſtine,
A l'humeur badine,
Ah! qu'il eſt galant & doux:
Malgré mes efforts,
Ses tranſports
Me font craindre
Qu'il ne veüille joindre nos deux cœurs,
Je ne puis contraindre
Ses ardeurs.

Daphnis, l'autre jour
Me dit Liſette,
Veux-tu ſur l'herbette
Joüer au doux jeu d'amour?
Je lui dis non, non,
Mon mignon
La fleurette
Souvent inquiette
Un tendron,
Laiſſe moi ſeulette, mon garçon?

Daus ce beau ſejour
Tout eſt aimable,
L'on y voit à table
Venus & toute ſa Cour,
Son fils prend le vin
Le plus fin
Nous en verſe',
Son trait vole & perce notre ſein
Bacchus nous renverſe,
Quel deſtin !   FIN.

CHA-

* * * * * * * * * * * * * * *

CHACONNE DE PHAETON.

AMIS le verre en main
Qu'un chacun s'arme soudain ;
Amis le verre en main
Trinquons jusqu'à demain,
Rions, chantons,
Buvons, mangeons,
Ne songeons plus désormais à Venus ;
Rions, chantons,
Buvons, mangeons,
Et ne dressons des autels qu'à Bachus ;
Et ne dressons des autels qu'à Bachus
Qui boit de ce jus divin
N'est jamais chagrin ;
Mais souvent en aimant
L'on ressent mille tourmens,
Mais souvent en aimant
L'on ressent mille tourmens :
Amis n'aimons jamais
Philis ni ses attraits,
Evitons désormais
Ces dangereux objets ;
Il faut ma foi bien mieux
Boire de ce vin vieux.
Jusqu'à ce qu'il nous ressorte par les yeux,
Grand Dieu que ce jus a d'appas !

Que

Que j'en veux boire en ce repas.
Faites tous comme moi,
Buvez comme je bois,
Faites tous comme moi,
J'impose cette loi;
Que ce jus est doux,
Ah! le grand goût,
Qu'en dites-vous?
Recommençons tous:
Ne soyons pas si foux d'en laisser,
Dûssions nous tous en crever,
Versez du vin partout,
De l'un à l'autre bout,
Qu'on m'apporte un ragoût:
Vive les bons Garçons;
Trinquons plus de cent coups,
L'Amour en dût-il devenir jaloux.
Ton jus, Bacchus,
Est plus charmant que Venus:
Ton jus, Bacchus,
Est plus charmant que Venus:
Pere du vin,
Grand Dieu du vin,
Que ferions nous sans ton secours?
Pere du vin,
Grand Dieu du vin,
Que ferions nous tous les jours?
Sans toi, rien ne vivroit,
Tout languiroit,

N 5.

Oa

On se mourroit :
Sans toi, rien ne vivroit,
Tout languiroit,
On se mourroit :   [rubis,
Mais sitôt qu'on, te voit briller avec ces
Fût-on prêt de mourir, l'on est bien-
        tôt guéri :
Pere des Buveurs, ceux qui suivent tes loix,
Sont mille fois plus heureux que des Rois,
Pere des Buveurs, ceux qui suivent tes loix,
Sont mille fois plus heureux que des Rois :
L'on les entend rire, chanter
Et folâtrer,
Ta, la la la la ta,
L'on les entend rire, chanter,
Et folâtrer
Tous les jours,
Tour à tour,
Sans se lasser de te faire la cour ;
Qui ne t'aimeroit pas
Dans un repas,
Qui ne t'aimeroit pas
Dans un repas,
Chantons incessamment,
Répétons mille fois en buvant,
Chantons incessamment,
Qu'il n'est point de Dieu plus charmant :
Chantons incessamment
Qu'il n'est point de Dieu plus charmant.

F I N.

CHAN-

* * * * * * * * * * * * * * * *

CHANSON NOUVELLE.

De la Comedie Italienne.

AImable Sexe, vos loix
   Ont des droits
Sur les Dieux comme fur les Rois;
S'agît-il de paix ou de guerre,
Sur vos avis nous fçaurons nous regler;
Pour calmer ou troubler la terre,
Deux beaux yeux n'ont qu'a parler.
   Tout eft poffible à votre art,
Un Vieillard,
Peut rajeûnir par vos regards,
Pour dompter le cœur d'un Achille;
Pour engager un Hercule à files,
Et pour rendre un fage imbécille,
Deux beaux yeux n'ont qu'à parler;
   Un Avocat bon latin
Cite en vain
Bartholle & Jean Dumoulin;
On eft fourd à fon éloquence,
Dès qu'au Barreau Philis vient s'inftaller,
Pour faire pencher la balance,
Deux beaux yeux n'ont qu'a parler.
   Le jugement d'un Procès
Au Palais,

Ne dépend pas de nos Places,
Que Philis soit notre refuge,
L'on voit bien-tôt notre cause appeller,
Pour faire prononcer un Juge
Deux beaux yeux n'ont qu'à parler.
    Ah ! que l'on voit à Paris
De Commis
Qu'en Place les belles ont mis,
Si Cloris veut, un gros Asne,
Dans un Bureau sçaura bien-tôt briller :
Pour en faire un chef à la Doüane,
Deux beaux yeux, &c.
    Je ne vais pas au vallon
D'Apollon,
Quand je veux faire une Chanson,
Le beau feu qu'Aminthe m'inspire,
Vaut bien celui dont ce Dieu fait brûler,
Pour faire sonner une Lîre,
Deux beaux yeux, &c.
    Si j'avois un inconstant
Pour Amant,
Je craindrois peu son changement,
J'aurois tort de m'en mettre en peine,
Il en est tant que je puis enroller,
D'ici j'en vois une douzaine,
Deux beaux yeux, &c.
    Si vous voulez qu'Arlequin
Soit en train,
Venez belles & tout sera plein;

Je

Je cabriolle pour vous plaire,
Si le jeu plaît je sçaurai redoubler,
Un bis ne m'embaraffe guere,
Deux beaux yeux n'ont qu'a parler.

F I N.

CHANSON NOUVELLE.

DE tout tems le jardinage
   Fut l'amufement du fage,
J'en fais mon plus doux emploi,
Il n'en eft point, je vous jure,
Qui s'attache a la nature
Avec plus d'ardeur que moi.
   J'ai foin d'une jeune plante
Qui dans fa beauté naiffante
Sçait ranimer les couleurs,
Elle n'a rien qui n'enchante,
Les Dieux l'ont fait fi charmante,
Qu'elle efface jusqu'aux fleurs.
   Les vents, la grêle & l'orage,
Ne gâtent point mon ouvrage,
Jamais il ne dépérit;
En hyver lorfque tout géle,
Malgré la bife cruelle,
Mon Rofier toujours fleurit.
   Les Arbriffeaux que j'éléve
Sont les mieux fournis de féve,

N 7

D'abord

D'abord ils donnent du fruit,
Et la fleur la plus tardive,
Sitôt que je la cultive
Dans l'inſtant s'épanoüit.

J'ai banni de mon par terre
Deux fleurs qu'on n'eſtime guéres,
Le pavot & le ſouci ;
Belle de nuit & marguerite
Chez moi ſont les fleurs d'élite :
La penſée y croit auſſi.

Je fais pommer la laituë,
Je la fais groſſir à vûë ;
Dans les plus rudes ſaiſons,
En tous tems ma peine utile,
Sur une couche fertile
Fait croître les cornichons.

Lorſque la charmille pouſſe
D'une main légére & douce,
Je lui donne une façon,
Souvent je plante & je ſéme ;
Mais mon plaiſir eſt extrême
Lorſque je greffe un tendrond.

Charmé de la jeune Roſe
Sans me laſſer je l'arroſe
Le matin comme le ſoir ;
Mais pour la vieille immortelle,
Sitôt que je ſuis près d'elle,
Je détourne l'arroſoir.

F I N.

CHAN-

CHANSON NOUVELLE,

Sur l'air : *Des Insulaires ; On diroit*
que la Mere d'Amour, &c.

VOus qu'aucun discours n'engage
   D'être sous les loix d'un vainqueur,
Belle de qui le badinage
A souvent réservé l'honneur,
Méfiez-vous de la fleurette,
C'est souvent ce qui vous surprend ;
     En badinant,
     En folatrant,
On s'accoûtume au discours d'un Amant,
Et Cupidon qui toujours guéte,
Vous fait faire pas plus avant.
   Absent de vous, dans ma langueur,
Belle Iris, soulagez mon cœur :
Vous êtes belle, mais trop cruelle
Pour un Amant toujours constant ;
     Plus de douceur,
     Moins de rigueur,
Soulagez-donc mon tendre cœur :
     Vous êtes belle,
     Mais trop cruelle
Pour un Amant toujours constant.
      F I N.

A U-

* * * * * * * * * * * *

AUTRE.

Sur l'air : *Dirai-je mon* Confiteor,
Ou bien, *Que je regrette mon Amant.*

AUtrefois mon cœur n'aimoit rien
Que les plaisirs de la bouteille,
Je traitois l'Amour comme un chien,
Lui faisant porter ma chandelle,
Il m'éclairoit de son flambeau,
Pour aller percer mon tonneau.

Je n'avois point d'autre foret,
Que sa fleche la plus piquante,
Que je laissois comme un follet
A ma futaille bienfaisante :
Vouloit il parler de beaux yeux ?
Je le chassois comme un galeux.

Je vivois comme un Papillon,
Cherchant la fleurette nouvelle,
Quand je trouvois une dondon,
Vîte j'allois tirer bouteille,
L'Amour portoit le martinet
Comme un garçon de Cabaret.

Mais ce rusé Colin Maillard
M'a toujours gardé sa rancune,
Jusqu'au moment que le hasard
Vous fit connoître, belle brune;

Qui

Qui eut crû que ce Conquérant
M'eût attrapé par le volant?

F I N.

VAUDEVILLE.

De l'Opéra Comique.

Lorsque dan nos bois Amans lan-
    goureux,
Vous allez pousser des cris douloureux,
O! la sette coûtume,
Par là vous croyez devenir heureux,
C'est ce qui vous enrhûme.
    Vieillards amoureux, qui chez les
      Baigneurs
Cherchez des attraits & de la fraischeur,
O! la sotte coûtume,
Par là vous croyez gagner un jeune
      cœur,
C'est ce qui vous enrhûme.
    Quand un Officier pour vous s'en
      tient là,
Chez votre Notaire il dit qu'il ira,
Belle c'est sa coûtume,
Vous courez d'abord croyant qu'il vien-
    dra,
C'est qui vous enrhûme.
Vous

Vous qui vous flatez d'agir prudem-
    ment.
En prenant pour femme un objet char-
    mant
O! la fotte coutûme,
Vous croyez l'avoir pour vous feule-
    ment,
C'eft ce qui vous enrhûme.
    Quand un Opéra chez nous réuffit,
Et que chaque jour foule groffit,
Notre ardeur fe rallume,
Quand les rangs font clairs le froid nous
    faifit,
C'eft ce qui nous enrhûme.
    Quand nos jeux badins ont eu du
    fuccès,
Nos voifins jaloux nous font un
    procès ;
Leur ardeur fe rallume,
S'ils comptent fur nous pour payer leurs
    frais,
C'eft ce qui les enrhûme.
    Maris jaloux qui crainte d'un rival,
Faites épier votre Femme au Bal,
O! la fotte coûtume,
Vous croyez fauver l'honneur conjugal,
C'eft ce qui vous enrhûme.

F I N.

CHAN-

* * * * * * *

CHANSON NOUVELLE,

Air d'Opera.

JAy passé deux jours sans voir,
  Plus cruels qu'on ne pense,
Je serois mort de désespoir
D'une plus longue absence ;
Hélas ! Brunette mes amour,
Ne puis-je vous voir tous les jours.

 Je ne suis que trop informé
De mon sort & du vôtre :
C'est peu de n'être point aime,
Vous en aimez un autre ;
Hélas ! Brunette mes amours,
Le voulez-vous aimer toujours ?

 Tyrcis, soyez mieux informé
De mon sort & du vôtre,
Ingrat, vous êtes seul aimé,
Je n'en n'aime point d'autre ;
Objet de mes tendres amours,
Vous pouvez me voir tous les jours.

 Je paissois autrefois chez vous,
Tous les jours de ma vie :
Privé d'un commerce si doux
Je languis, je m'ennuye ;
Hélas ! Brunette mes amours,
Quand vous verrai-je tous les jours ?

A iij

Autres Couplets : sur le même Air

J'ai voulu, pour me rendre heureux,
Vous voir & vous entendre ;
Que l'un & l'autre est dangereux,
Quand on a le cœur tendre ?
Je vois où je vais m'engager,
Mais je ne crains point le danger.

S'il est vrai qu'à l'Amour constant
Il n'est rien d'impossible,
Le mien trouvera quelque instant
Où vous serez sensible ;
Brunette, que ne voulez-vous
Avancer des momens si doux ?

Non, jamais vos divins appas
N'ont fait tant de conquêtes,
A quatorze ans vous n'étiez pas
Si belle que vous êtes ;
Objet de mes tendres amours,
Vous embellissez tous les jours.

Vos yeux sont devenus plus doux
Et vos couleurs plus vives :
Tous les Berger, souffrent pour vous,
Sur ces aimables rives,
Hélas ! Brunette mes amours,
Vous embellissez tous les jours.

De tous les Bergers de ces bois
Je suis le plus fidele,
De cent Bergeres que je vois

Vous

Vous êtes la plus belle ;
Objet de mes tendres amours,
Vous embelliſſez tous les jours.
  Des Bergers qu' Amour a ſoumis
A votre loy ſévere ,
A qui donnerez-vous le prix,
Mon aimable Bergere ?
Hélas ! que je ſerois heureux,
Si c'étoit au plus amoureux.
  On m a vû ſouffrir mille maux
Avec tant de conſtance ,
Que je devois ſur mes Rivaux
Avoir la préférence ,
Mais, hélas ! le plus amoureux,
N'eſt pas toujours le plus heureux.
  Ne croyez pas que vos mépris
E puiſent ma conſtance,
Quand vos rigueurs ſeroient le prix
De ma perſévérance,
J'aimeroîs-mieux perdre le jour,
Que de voir finir mon amour.

Autre Couplet, ſur le même Air.

  Plus je vois la charmante Iris,
Plus je ſens que je t'aime.
Ainſi que ſes cruels mépris
Ma conſtance eſt extrême,
Hélas ! ſa haine & mon amour,
Augmenteront-ils chaque jour ?

Autre Couplet, sur le même Air.

Le doux Printems est de retour
Et la plaine est fleurie,
Zéphir & Flore font l'amour,
Il n'est que toi, Sylvie,
Qui n'a jamais voulu songer
A trouver l'heure du Berger.

Autres Couplets, sur le même Air.

Vous ne comptez point comme moi
Les momens de l'absence,
Et c'est-là mon unique employ
Hors de votre présence;
Je commence à m'en rebuter,
Vous m'en donnez trop à compter.
Autrefois fidele & constant
Je répandois des larmes,
A present je vis plus content
Je méprise vos charmes;
Brunette, je sçai de vos tours,
Vous ne serez plus mes amours.
Je vous vois aimer mes Rivaux,
Sans m'en mettre en colere :
J'ai choisi des plaisirs nouveaux,
Un autre a sçû me plaire :
Non, non, Brunette, de vos jours
Vous ne serez plus mes amours.

Parodie du premier Couplet.

J'ai passé huit jours sans vous voir,
J'en passerois cinquante :
Et loin d'en être au désespoir,
Je ris, je bois, je chante,
Où diable prendre de l'amout ?
Vous en laidissez tous les jours.

F I N.

CHANSON NOUVELLE.

A Mans votre bonheur
N'est enfin qu'un mensonge,
Mais quel aimable erreur
Lorsqu'elle se prolonge !
Ah ! si tu me replonge !
Amour, dans le sommeil,
Si je fais un beau songe,
Sauve-moi du reveil.
　　Contre l'ardeur du vin
J'oposois ma tendresse,
Que mon sort est divin,
D'Amour j'en eus promesse ;
Mais, ô mortelle adresse,
Le traître m'a menti ;
Le choix de ma Maîtresse,

C'est

C'eſt Bacchus qui le fit.
  Mais je prévois enfin,
Quoique je fois fidele,
Que ſans le jeu du Vin,
La victoire chancelle ;
En vain Dorine eſt belle,
Et porte ſon flambeau,
Si le fils de Semelle
Ne me met ſon bandeaur.
  Touché de mon amour
Mon aimable inhumaine
M'a promis que le jour
Verroit finir ma peine,
Sous l'ombre de ces chêne
Elle doit ſe trouver,
L'Amour qui m'y amene
M'a fait l'y devancer.
  Amour, charmant vainqueur.
Rempli mon eſpérance,
Termine la longueur
De mon impatience,
Et fais que ma conſtance
Trouve dans ce moment
La juſte recompenſe
Qui m'eſt duë dès long-tems.

F I N.

CHAN-

* * * * * * * * * * * * * * * *

CHANSON NOUVELLE,

Sur un Air nouveau.

JE veux toujours me coucher yvre,
Quand je n'ai point bû, je n'ai rien;
Bacchus me promet plus de bien,
Qu'il ne m'en faut cent fois pour vivre;
Amis, quand j'ai bien bû,
Je crois que toute la Terre,
Que toute la Terre est à moi,
Que toute la Terre est à moi.

    Mais devant moi n'ose paroître,
Je lui fais la nargue & la loi,
Et l'Amour qui fuit devant moi
Confesse que je suis son Maître;
Amis, quand j'ai, &c.

    Je suis glorieux dans l'Yvresse,
Je veux captiver tous les cœurs,
Et pour mériter mes faveurs,
Il faut valoir une Princesse, Amis, &c.

    Si j'étois Roy, jamais la Guerre
Ne se feroit dans mes Etats;
Mais sur la fin d'un bon repas,
L'on se battroit à coups de verre;
Amis quand, &c.

    Que sert un grand nom dans l'Histoire,

Que fert de celebres Ayeux,
J'eftime moins le fang des Dieux,
Que d'être fils du grand Gregoire;
Amis, quand, &c.

Je veux toujours chanter & rire,
Je méprife l'or & l'argent,
Je ne fais jamais de prefent
Que d'un Royaume ou d'un Empire;
Amis, quand, &c.

Quand j'ai bû du vin qui pétille,
Je fuis gay, je fuis fans chagrin,
Je mets tous mes amis en train,
Comme un Perroquet je babille;
Amis, tant que je bois, &c.

Au cabaret, c'eft-là mon centre,
On m'y nomme le Préfident,
Je fu's tout le dernier fortant,
Et toujours le premier qui entre;
Amis, tant que je bois, &c.

Je ris d'un fat qui met fa gloire
A fe foumettre une beauté,
Moi qui fait ma félicité
De chanter, de rire & de boire;
Amis, quand, &c.

Je fçai que ma femme eft aimable,
Parlez, Meffiurs, qu'en penfez-vous
Moi qui ne fuis que fon époux,
Je la trouve toute admirable;
Amis, quand je la tiens, &c.

Quand

Quand je suis aimé de Nannette,
Je suis satisfait comme un Roi ;
Mais quand elle manque de foi,
Je quitte aussi-tôt la coquette ;
Amis, tant que je bois, &c.

Soit raison, soit force ou caprice,
Tu veux rire du Dieu d'Amour ;
Mais ne crains-tu pas qu'à son tour,
Ce petit Dieu ne t'en ratisse,
C'est en vain qu'on le fuit ;
Apprends que toute la Terre,
Que toute la Terre est à lui,
Que toute la Terre est à lui.

F I N.

MENJET NOUVEAU.

DEux beaux jeux,
   Une bouche, un teint fait par les
     Dieux,
De roses, de lys,
De grace & d'esprit,
Forment l'objet de mes vœux :
Sous les Cieux,
La nature n'a rien fait de mieux
Et de si gracieux hélas !
Grands Dieux, qu'elle a d'appas !
Charmé de cette beauté,

 Mon

Mon cœur en feroit enchanté,
Mais fes cruels refus
On rendu tous mes foins fuperflus !
   Dieu du Vin,
Qui pour me bien vanger des rigueurs
De l'ingrate Catin,
Diffipez mon chagrin
En éteignant mes ardeurs,
Ta liqueur
Fera toujours bannir de mon cœur
Cette injufte rigueur, c'eft toi
Seul qui me fait la loi,
Rangé fous tes étandars.
Cupidon muni de fes dards,
N'oferoit attaquer
Un Buveur que tu veux protéger.
   Cependant
Je ne puis plus vivre qu'en l'aimant,
Si-ôt que je la vois,
Je ne fuis plus à moi,
Ses yeux caufent mon tourment,
Mes défirs
Suivent à chaque moment
Les plaifirs,
Que je ferois heureux hélas !
D'expirer dans fes bras,
Songe trop rempli d'appas,
Grand Dieu! quel heureux trépas!
Si mon cœur amoureux

Se voyoit au comble de ſes vœux.
      Je reçois
De ma chere Maîtreſſe la foi,
Mes déſirs ſont comblez,
Mes vœux ſont exaucez,
Je ſuis plus heureux qu’un Roi ;
Dieu d’Amour,
Je reſſens à mon tour
Que ſoumis a ta divine loi
Hélas ! tu feras toute pour moi :
C’eſt par toi Maître des Dieux,
Que ce que l’on voit ſous les Cieux
Ne goûte les plaiſirs
Que quand tu fais naître les déſirs.

F I N.

A U T R E.

TYran d’un ſombre Territoire
   Va remplir ce fatal tonneau,
Ne viens plus par malice noire   *bis.*
Ici m’offrir toujours de l’eau,
   Quand j’en bois tous mes ſens ſe broüil-
      lent,   *bis.*
De ce feſtin banniſſons-la,
Nous ne ſommes pas des Grenoüilles,

Au gué lan la,
Nous ne fommes pas des Grenoüilles.
   Déja cette liqueur vermeille
M'a rempli d'un plaifir charmant.
Chers amis prenons la bouteille,   *bis.*
En verfe m'en à tout moment,
J'en veux boire comme une citroüille, *bis.*
Le ventre enflé & par de là,
Nous ne fommes, &c.
   Bûvons de ce jus délectable
Dont Bacchus comble nos défirs
Demeurons nuit & jour à table,   *bis.*
Et faifons durer nos plaifirs ;
C'eft le vin feul qui nous chatoüille, *bis.*
Rien n'eft fi doux que ce jus là,
Nous ne fommes, &c.
   Amis, pleins d'une ardeur bachique,
Imitons ce tranfport fi doux,
Et dans notre agreable clique,   *bis.*
Ne fouffrons point de buveur d'eau,
Chantons leur cent & cent fois pouil-
     les   *bis.*
Crions fur eux cent fois hola,
Nous ne fommes, &c.

F I N.

CHAN-

* * * * * * * * * * * * *

CHANSON NOUVELLE,

Sur un Air d'Opera.

QUe fais-tu Bergere,
    Dans ce beau Verger?
Tu ne songes guerre
A me soulager :
Tu connois ma peine,
Tu vois ma langueur :
Prends, belle inhumaine,
Pitié de mon cœur.
    Le Zéphire & Flore,
Ne se cachent pas;
La naissante aurore,
Voit leur doux combats :
Le Soleil se couche,
Jaloux de leurs feux;
Leur exemple touche,
Les moins amoureux.

Rêponse.

Tu ne connois guere,
Trop ingrat Berger,
Ce que j'ai sçu faire,
Pour te soulager,

J'ai

j'ai quitté la plaine,
Mon troupeau, mon chien :
Prend-t'on tant de peine,
Quand on n'aime rien ?
Non, l'indifférence,
N'eſt pas mon défaut ;
Tyrcis, mon ſilence
Dit plus qu'il ne faut :
Tiens, prends ma houlette,
Emmene mon chien ;
Et viens ſur l'herbette
Voir ſi j'aime bien.

Autres Couplets : ſur le même Air.

Je voulois, Sylvie,
Ne vous point aimer ;
Et paſſer ma vie,
A vous eſtimer :
Qui peut ſe deffendre
Contre tant d'appas ?
Le cœur le moins tendre
Ne le pourroit pas.
Je n'ai d'habitude,
Qu'avec mes ſoûpirs ;
Et la ſolitude
Fait tous mes plaiſirs :
Je ſuis comme l'ombre
Gagnant mon ſéjour,
Mon cœur triſte & ſombre

Plaît

Plaît à mon amour.
    Un fonds de tristesse
Me serre le cœur ;
Ma délicatesse
Cause ma langueur :
J'ai sujet de craindre,
Et de m'affliger,
Assez pour me plaindre,
Trop peu pour changer.
    Jamais la constance
Aux Amants ne nuit ;
Un peu d'espêrance,
Et le reste suit :
Une Amante aimée
Jamais ne nous fuit ;
L'Amour obstinée
Porte fleur & fruit.
    Qu'on a de foiblesse,
Quand on aime bien ;
Un Amant se blesse,
Et guérit de rien :
Et quand il assûre,
De n'aimer jamais,
Son cœur se parjure
Un moment après.
    Vous avez beau dire,
Que vous n'aimez pas ;
Votre cœur soûpire,
Et se plaint tout bas :

Ré-

Rêveufe, inquiette,
Vous nous fuyez tous;
Quand j'aimois Lyfette,
J'étois comme vous.

F I N.

CHANSON NOUVELLE,

Sur un Air nouveau.

L E beau Berger Tyrcis,
Près de fa chere Annette:
Sur les bords du Loir affis,
Chantoit deffus fa mufette;
Ah! petite brunette,
Que tu me fais languir.
  Ah! petit à petit,
Je fens que je m'engage:
L'Amour prend trop de crédit,
Je n'en dis pas davantage,
Ma bouche foyez fage,
Mes yeux en ont trop dit.
  Le Soucy jauniffant,
La pâle Violette,
Sont les fleurs qui vont naiffant
Des larmes que Tyrcis jette;
Ah! petite brunette,
Ah! tu me fais mourîr.
  Au lieu d'aller paiffant

La pointe de l'herbette,
Son cher troupeau languiſſant,
Se couche près ſa houlette :
Ah ! petite brunette,
Ah ! tu me fais mourrir.

   Les Ruiſſeaux vont roulant
Leur onde pure & nette,
Et murmurent, ſe mêlant
Aux larmes que Tyrcis jette :
Ah ! petite brunette,
Ah ! tu me fais mourir.

   Les Echos d'alentour
Que ſa plainte diſcrette
Fait encor ſécher d'amour,
Rediſent la Chanſonnette,
Ah ! petite brunette,
Ah ! tu me fais mourir.

   Rêver inceſſamment,
Chercher la ſolitude,
S'habiller negligemment,
Cherir ſon inquiétude,
C'eſt là toute l'étude
D'un malheureux Amant.

   Vous négligez mes ſoins,
Ma tendreſſe vous gêne,
Mes triſtes yeux ſont témoins
De votre nouvelle chaine :
Et pour comble de peine,
Je n'en aime pas moins.

O 6

FIN.

ME.

* * * * * *

M E N U E T.

De la Comedie Italienne du Cahos.

ON ne peut, quoique l'on fasse,
S'empêcher d'aimer à son tour,
Les Poissons tombent dans la Nasse,
Les cœurs se tour lour lour lour lour;
Les cœurs se vont rendre à l'Amour.

Dans l'humide sein de l'Onde,
Cupidon tient aussi sa cour;
C'est vouloir dépeupler le monde,
Que de nous tour lour lout lour lour,
Que de nous deffendre l'Amour.

Tout le long de la riviere,
Nos Mariniers vont tour à tour,
Me disant, belle Bateliere,
Je voudrois tour lour lour lour lour,
Je voudrois te parler d'Amour.

Belle, dans votre Nacelle,
Je voudrois voguer nuit & jour,
Les vents sont bons, bandons les voiles,
Nous irons tour lour lour lour lour,
Tout droit dans l'Isle d'Amour.

Je me ris de leur langage,
Et j'en crois Maître Nicolas,

C'est

C'eſt un homme prudent & ſage,
Qui me dit n.â â â â âge,
Nâge toujours, ne t'y fie pas.
    Ma ſœur, je vous félicite,
Colin vous fait déja la cour,
Moi qui ſuis encor trop petite,
Faites moi tour lour lour lour lour,
Faites-moi grandir, Dieu d'Amour.
    D'une Morale ſévere,
Maman m'étourdit chaque jour,
MaisColin qui ſçait bien me plaire,
Dit que j'ai tour lour lour lour lour,
Dit que j'ai du goût pour l'amour.
    Colin d'un air doux & tendre,
Demande mon cœur chaque jour,
S'il n'a pas l'eſprit de le prendre,
Qu'il aille tour lour lour lour lour,
Qu'il aille alleurs faire l'amour.
    C'eſt dans l'Iſle de Cythere,
Que les Amans font un ſéjour,
L'on voit Bergers & Bergeres,
Qui y font tour lour lour lour lour,
Qui y font en tout tems l'amour.

F I N.

* * * * * * * * *

CHANSON NOUVELLE,

Sur un Air nouveau.

SOis donc sensible à mes soûpirs,
  Ma belle Magdelaine,
Tu peux me donner des plaisirs,
Et tu causes ma peine;
Allons, cher cœur, plus de rigueur,
Il faut bien qu'on se rende :
Fi donc Julien,
Songez-y bien,
Est-ce que cela se demande?

   Tu m'a promis un doux baiser
Sur ta bouche de rose,
Voudrois-tu me le refuser?
C'est-là la moindre chose :
Allons, cher cœur, &c.

   Mais quoi, je lis dans te beaux yeux
Un trouble qui m'enchante;
Ah! Magdelaine, employons mieux
Une ardeur si touchante;
Allons, cher cœur, &c.

   Nous sommes ici sans témoins,
Et tu m'aimes, bergere,
En faut-il plus pour aller loin,
Partout c'est votre affaire?
Allons, cher cœur, &c.

   Sens-tu comme moi les plaisirs

Où.

Où mon cœur s'abandonne,
A ton tour rends-moi les soûpirs
Que mon amour te donne;
Allons, cher cœur, &c.

    Le bon Julien comptant partir,
Magdelaine l'embrasse,
Lui disant, quoi tu veux sortir,
Crois-tu que je te chasse ;
Allons cher cœur,
Plus de rigueur,
Il faut bien qu'on se rendre :
Fi, Magdelon,
Songez-y donc,
Est-ce que cela se demande ?

F I N.

CHANSON NOUVELLE.

De la Comedie Italienne.

DEpuis que j'ai vu Nannette,
  Et que j'aime ses beaux jeux,
Il semble que ma musette
Chaque jour s'accorde mieux
Quand la belle veut l'entendre
Elle y trouve un plus beau ton,
Elle m'inspire un air tendre

Que

Que je donne à ma chanson.
    Tous les bergers du village
Sont sans cesse à m'en conter,
Ils viennent sur la fougere,
Esperant de m'imiter,
Mais ils y perdront leurs pleines,
Ils n'apprendront jamais rien,
Mes leçons leur feront vaines,
Mes leçons leur feront vaines,
Ils n'aiment pas assez bien.

    Ils viendront contant les peines
Que l'Amour leur fait souffrir,
Aux bois, aux rochers, aux plaines,
Qui puissent un jour les guérir :
Mais par un fort déplorable,
Que l'on souffre les aimant,
Quand l'infidéle est aimable,
Un cœur a mille tourmens.

    Une constante bergere
A l'ombre de notre ormeau,
Assise sur la fougere,
Au bord d'un coulant ruisseau,
Triste, chagrine & rêveuse,
Elle va toujours disant
Dieux ! que l'on est malheureuse
Quand on aime un inconstant.

F I N.

CHAN-

* * * * * * * * * * * * *

CHANSON NOUVELLE.

De la Comédie Italienne.

Avec son air engourdi
Un soûpirant sexagenaire
Ne cherche-t-il pas à plaire ?
Oh que si :
Mais peut-il sans vent contraire
Arriver jusqu'à Cythere ?
On que nenny.
Iris, jé suis amoureux
Et veux aller jusqu'à Cythere,
En cherchant toujours à plaire
A vos yeux :
Affranchir tous les naufrages
Que l'on trouve aux abordages
De ces lieux.
Belle Brune, vos attraits
M'inspirent une ardeur si tendre,
Ne voulez-vous point vous rendre?
Oh que si :
Puis-je devenir volage
En vous offrant mon hommage?
Oh que nenny.
Un tendre Amant aujourd'hui

Qui

Qui vous marque une vive flâme,
Ne touche-t-il pas votre ame?
Oh que fi :
Ce feu n'eft qu'une étincelle,
Vous trouvera-t-il pucelle?
Oh que nenny.
Quand on commence d'aimer,
Pour rendre fon Iris fenfible,
Ne fait-on pas fon poffible?
Oh que fi :
Mais n'eft-elle plus cruelle,
La voit-on long-tems fidelle?
Oh que nenny.
Un Pierrot fi bien bâti
Ne pourroit-il jamais te plaire?
Réponds-moi donc, ma Bergere?
Oh qne fi :
Si tu veux m'être fidelle,
Ne me dis jamais, la Belle,
Oh que nenny.
Un jeune tendron joli
Ne compte-t-il pas fur fes charmes
Comme un foldat fur armes?
Oh que fi :
Si on lui pouffe une botte,
L'entend-t-on crier main forte?
Oh que nenny.
Un petit Maître étourdi
Ne promet-il pas à fa Belle

Une

Une conſtance éternelle ?
Oh que ſi :
Si elle fait quelque avance,
Sçait-il garder le ſilence ?
Oh que nenny.
Un jeune & nouveau Mari
N'a-t-il pas un plaiſir extrême
De poſſeder ce qu'il aime ?
Oh que ſi :
Mais le jour du mariage
Vaut-il celui du veuvage ?
Oh que nenny.
Toujours aux dépens d'autrui
Un Garcon, malgré ſa maſere,
Ne fait-il pas bonne chere ?
Oh que ſi :
Mais quand il fait quelques emplettes,
Lui voit-on payer ſes dettes ?
Oh que nenny.

F I N.

CHANSON NOUVELLE,

Des Pelerins de la Mecque.

UN Mari ſexagenaire,
Et ſa femme de vingt ans,
Vont tous les deux à Cythere,
Pour demander des enfans ;

Mais

Mais ils n'ont dans ce voyage
Point d'ami, point de voisin,
Digue, digue, diguedin,
Diguedin, din, din, din, din,
Le mauvais Pelerinage.
 Pour une pareille affaire,
Un vieux gouteux de Paris,
Confia sa Menagere
A deux de ses bons amis :
Il ne fut pas du voyage,
Elle en alla meilleur train,
Digue, digue, diguedin, &c.
Le joyeux Pelerinage.
 On voit sans cesse aux Guingettes,
Des Pelerins tant & plus,
Avec d'aimables fillettes
Sacrifier à Bacchus ;
L'Amour reçoit leurs hommages
Ainsi que le Dieu du vin,
Digue, digue, diguedin, &c.
Ah ! les bons Pelerinages.
 Pour Cythere, jeune fille
Se mit un jour en chemin ;
Mais passant par la Courille,
Elle y rencontre un Blondin :
Elle finit le voyage
Chez un gros Marchand de vin,
Digue, digue, diguedin, &c.
Ah ! le doux Pelerinage.

Un

Un Bourgeois d'humeur gaillarde
A Cythere un jour alla,
Avec certaine égrillarde,
Qui sçavoit ce chemin-là :
La matoise en ce voyage,
Redreſſa le Pelerin,
Digue , digue , diguedin , &c.
Le coûteux Pelerinage.

    Quand le Public prend la peine
De nous venir voir ici,
S'il ſort avec la migraine,
Ma foi, nous l'avons auſſi :
S'il eſt content du voyage
Pour notre Opera badin,
Digue, digue, diguedin,
Diguedin, din, din, din, din;
Quel heureux Pelerinage.

F I N.

CHANSON NOUVELLE,

Sur l'air : *D'une Allemande, ou, De la
Dauphine Contre-danſé.*

VOs yeux doux, ſéducteurs
   Enchantent tous les cœurs,
Vous êtes, jeune Iris,

La

La Reine des yeux & des ris;
Venus vous cede ses droits,
Soyez sensible à ses loix,
Rendez-vous à mes feux,
Formons des plus beaux nœuds
Dans ce séjour heureux
Goûtons les plaisirs des Dieux.

Je deviens amoureux,
Philis, de tes beaux yeux,
Mains je crains pour mes feux
Un succès des plus malheureux:
Je te le dirai cent fois,
J'aime ton petit minois,
Seras-tu, ma Philis,
Sensible à mes soûpirs,
Pour un Amant soumis
N'auras-tu pas du mépris?

Tes yeux, tes traits, ton teint,
Ta bouche & ton blanc sein,
Tes agréables mains
Tout me plait & paroit divin:
Aimable Phillis, crois moi,
Je t'aime de bonne foi
Seras-tu, ma Philis,
Sensible à mes soûpirs,
Pour un Amant soumis
N'auras-tu pas de mépris?

F I N.

CHAN-

* * * * * * * * * * *

CHANSON NOUVELLE,

De la Comedie du Cahos.

UN Barbon à grife mine
   M'étourdit de fon caquet, het,
het, het, het, het, het, het, het,
Mais en vain il s'imagine
Chez moi cueillir le muguet, het, het
   het, het, het, het, het, het, het,
Qu'il fe plaigne & fe chagrine,
Il ne trouvera qu'épines
Dans mon joli joliet,
Il ne trouvera qu'épines
Dans mon joli jardinet.

   J'entends bien le jardinage,
Belle je fuis votre fait, het, &c.
Quand j'entreprends un ouvrage
C'eft pour le rendre parfait, het, &c.
Ne craignez point que je triche,
Et que je vous laiffe en friche
Votre joli joliet,
Et que vous laiffe en friche
Votre joli jardinet.

   Ah ! que je me laffe d'être
D'un Procureur le valet, het, &c.
Clerc & galopin du maître

Faut

Faut troter comme un barbet, het, &c.
Jardinier de la maîtresse
Il faut travailler sans cesse
A son joli joliet,
Il faut travailler sans cesse
A son joli jardinet.

    Tous les soirs j'allois entendre
Le chant du Roffignolet, het, &c.
Ma voisine a sçû le prendre
Un matin un trébuchet, het, &c.
Hélas ! j'aurai beau l'attendre,
Il ne viendra plus se rendre
Dans mon joli joliet,
Il ne viendra plus se rendre
Dans mon joli jardinet.

    Les Orangers, les Grenades,
Le Lys, la Rose & l'œillet, het, &c.
Le long de nos palissades
Formens un coup d'œil parfait, het, &c.
Mais notre Parterre enchante,
Lorsque sa face est riante,
Ha ! le joli joliet
Lorsque sa face est riante,
Ha ! le joli jardinet.

    Le Jardinier de ma mere
Est trop foible & trop fluet, het, &c.
L'ouvrage ne lui plaît guere,
Il ne s'y met qu'à regret, het, &c.
J'en veux prendre un à la tache,

Qui

Qui travaille fans relâche
A mon joli joliet,
Qui travaille fans relâche
A mon joli jardinet.

FIN.

AUTRE.

Sur l'air : *Du Cahin Caha.*

LA matinée
Le fringant Pelerin,
De fes forces trop vain,
Galoppe comme un Dain,
Il va troujours grand train,
Jufqu'à l'après-dinée,
Mais le foir ce n'eft plus cela ;
Ses fens s'affoiblissent,
Ses pieds s'engourdissent,
Ses jambes fléchissent,
Ses jarrets molissent,
Le Galand va cahin caha,
Le Galand va cahin caha.

FIN.

P

CHAN-

CHANSON NOUVELLE,

Sur l'air : *Vous m'entendez-bien.*

C'eſt peut-être pour m'éprouver
Que vous m'invitez à rimer ;
Je vais vous ſatisfaire ;
    Hé bien,
Heureux ſi je puis plaire,
    Vous m'entendez bien.

Si je puis plaire à votre goût,
Ma foi, ce ſera pour le coup
Que ma Muſe riante,
    Hé bien,
Deviendra triomphante,
    Vous m'entendez bien.

Triompher d'un premier abord,
Peut-être je me flatte à tort ;
Il faut plûtôt, ma Muſe,
    Hé bien,
Préparer nos excuſes,
    Vous m'entendez bien.

Excuſez-nous donc, s'il vous plaît,
Si nous oſons d'un tel objet
Effleurer les louanges ;
    Hé bien,
C'eſt l'ouvrage d'un Ange,
    Vous m'entendez bien.

Oui

Oui, c'est un Ange qui pourra,
Dignement chanter vos appas,
Lui seul peut bien écrire,
    Hé bien,
Ce que le monde admire,
    Vous m'entendez bien.
    Ravi de les tant admirer,
Je ne sçaurois plus m'en cacher;
J'en ressens les atteintes,
    Hé bien,
Belle, écoutez mes plaintes,
    Vous m'entendez bien.
    Je ne me plains qu'avec raison,
C'est l'effet de ma passion;
Si je vous importune,
    Hé bien,
Dites-moi sans rancune
    Vous m'entendez bien.
    Ditez moi que ma vive ardeur
N'attendrira point votre cœur,
Aussi-tôt pour vous plaire,
    Hé bien,
Je cesserai de faire
    Vous m'entendez bien.
    De faire à chacun le récit
De mon chagrin, de mon dépit;
Les échos & les plaines,
    Hé bien,
Seuls connoîtront mes peines,

Vous

Vous m'entendez bien.
Oui, j'irai dans le fond d'un Bois
Pousser les hélas de ma voix,
Les oiseaux du bocage,
Hé bien,
Y joindront leur ramage,
Vous m'entendez bien.
Ils joindront leurs tendres accens
A la douleur que je ressens
Et plus qne vous sensibles,
Hé bien,
Ils deviendront flexibles,
Vous m'entendez bien.
Pardon, si j'ose découvrir
Ce que vous me faites sentir;
Au reste, si je l'ose,
Hé bien,
Vous en êtes la cause,
Vous m'entendez bien.

F I N.